Gulliver Taschenbuch 129

Arnulf Zitelmann, geboren 1929 in Oberhausen, studierte Philosophie und Theologie und lebt heute als Religionslehrer bei Darmstadt.
Im Programm Beltz & Gelberg erschienen Kinder- und Jugendromane, die sich spannend mit historischen Themen und Schicksalen befassen – dies stets auf dem neuesten Stand der Forschung. Außerdem schrieb Zitelmann Biographien über Martin Luther, Martin Luther King und Thomas Müntzer.

Arnulf Zitelmann

Bis zum 13. Mond

Eine Geschichte
aus der Eiszeit

Mit Nachwort des Autors

Gulliver Taschenbuch 129
© 1986, 1992 Beltz Verlag, Weinheim und Basel
Programm Beltz & Gelberg, Weinheim
Alle Rechte vorbehalten
Reihenlayout und Einband von Wolfgang Rudelius
unter Verwendung einer Illustration von Peter Knorr
Die Landkarte auf S. 212/213 zeichnete Arno Görlach
Gesamtherstellung Druckhaus Beltz, 6944 Hemsbach
Printed in Germany
ISBN 3 407 78129 6
2 3 4 5 6   97 96 95 94 93

Die Hütten im Tal

Ich mag nicht im Dunkeln aufwachen, wenn ich auf einmal nicht mehr weiß, wo ich bin. Der Rauhreif in der Felldecke knistert, und ich richte mich auf. Ich horche, ob da irgendein Geräusch war, das mich geweckt hat. Doch ich höre nichts, bis Buni auf der anderen Hüttenseite hustet. Jetzt finde ich mich wieder zurecht, unterscheide, wo rechts und links ist, strenge meine Augen an und entdecke nun auch den winzigen Funken der abgedeckten Feuerstelle. Dahinter schlafen Buni und Milak, zwischen ihnen die Kinder.
Dann merke ich, was mich aufgeschreckt hat. Es zieht und kribbelt in den Fingerspitzen und Zehen. Ich weiß nicht, was das ist. Aber es hebt mich im Rücken, als versuche etwas in mir hochzukommen, meinen Kopf aufzubrechen. Es tut weh und macht mir so Angst, daß ich aufschreie.
»Qila, Mädchen, was ist?« höre ich Bunis schlaftrunkene Stimme.
»Helft mir doch!« rufe ich.
Doch da spüre ich einen heftigen Stoß gegen meine Brust und bin nicht mehr dort, wo mein Körper ist. Ich befinde mich in der Tundra, in der vereisten Steppe vor unseren Hütten, Mond- und Sternenlicht glitzern im Schnee. Dann sehe ich sie, die Bisonfrau. Jenseits des Zauns wartet sie, zum Greifen nah, und ich erkenne sie gleich, denn manchmal begegnet sie mir auch in meinen Träumen.

Ihre Doppelmähne um Hals und Brust hebt sich scharf vom Schnee ab, und sie schwingt ihren breiten Schädel mit den Stumpfhörnern hin und her. Ich schwebe auf ihre dunkle Riesengestalt zu und komme so dicht in ihre Nähe, daß ich den Geruch ihres Fellkleides zu riechen meine. Aber bevor ich sie ganz erreiche, verwischt die Sicht. Eine Kette von Schneehühnern stiebt auf und streicht über das Gesicht des Mondes in die Richtung des Ruckenbergs davon.

Die Bisonfrau ist verschwunden. Nur eine Brise stöbert im Schnee und fegt ihn in weißen Schleiern durchs Tal. Ich blicke den wegflatternden Vögeln nach und weiß nicht, wie ich hierhergekommen bin und was ich hier soll, mitten in der Nacht, allein in der verlassenen Tundra. Die Kälte greift nach mir, doch ich vermag mich nicht zu rühren. Ich bin wie festgefroren, versuche zu schreien, mich loszureißen, bis es mir einen schmerzhaften Ruck gibt und ich plötzlich wieder die Geräusche und Stimmen meiner gewohnten Umgebung wahrnehme.

»Qila, komm zu dir, sag doch was!« Das ist Bunis Stimme, ich höre sie jetzt unmittelbar neben mir.

Ich schlage die Augen auf, bin zurück in unserer Hütte, sehe das Herdfeuer aufflackern und erkenne die Gesichter um mich. Buni kauert neben Milak an meiner Seite, hinter ihr steht Aka und guckt mich mit großen Augen an. Ich bebe am ganzen Körper. Meine Backen sind naß, und vor lauter Schluchzen bringe ich kein Wort hervor. Buni nimmt mich in den Arm, fährt mir durchs Haar und drückt mich an sich.

»Endlich bist du wieder da«, sagt sie. »Du hast uns einen Schrecken eingejagt, so kalt und steif, wie du dalagst. Was war dir, hast du schlecht geträumt?«
»Ich weiß nicht«, antworte ich mühsam und wische mir die Tränen von den Backen. »Aber es war anders als im Traum. Ich bin weg gewesen, draußen, auf der anderen Seite vom Zaun, in der Steppe. Der Mond stand am Himmel, und ich habe Schneehühner gesehen, die ins Tal hinterm Ruckenberg flogen.«
»Schneehühner?« erkundigt sich Milak. »Jetzt bei Nacht?«
»Ja, und es war sogar ein ganzer Schwarm«, berichte ich. »Sie flatterten vor mir auf, so dicht, daß ich bei einem den roten Kamm zwischen den Augen sah.«
Ich möchte von dem Stoß vor die Brust erzählen, von der Bisonfrau und wie ich übers Eis auf sie zugeschwebt bin. Ich habe noch den Geruch ihres Haarkleids in der Nase, oder ist es die Ausdünstung meiner Felldecken, die mich an ihre zottige Gestalt erinnert? Mich überkommt die Angst, es könnte von neuem losgehen, daß ich wegfliege, nicht mehr in meinem Körper bin und nicht weiß, wie ich zurückfinden soll. Ich muß mich wehren, ich will nicht noch mal über den Zaun, Buni und Milak müssen mir helfen, sie müssen mich festhalten. Ich suche nach Worten, um ihnen meine Angst zu schildern, doch da begreife ich plötzlich, was die Bisonfrau wollte, warum sie mir draußen die Schneehühner zeigte. Die Vögel sind ein Zeichen, daß Wild in der Nähe ist! Denn Schneehühner sind die Begleiter von Rentieren, ihre Flügel folgen den nach

Moos und Flechten scharrenden Hufen und weisen den Jägern die Wege zu den wandernden Herden.

Ich vergesse den ganzen Aufwachschreck, denke an Markknochen, Brat- und Kochfleisch, an heiße Suppe mit gelben Fettaugen darauf, richte mich empor und fasse nach Milaks Arm.

»Milak, wir müssen unser Jagdgerät fertigmachen«, rufe ich. »Hinterm Ruckenberg weidet eine Rentierherde. Ich habe genau gesehen, wie die Schneehühner dorthin geflogen sind. Wir müssen los, gleich, sofort, bevor die Herde weitergezogen ist.«

»Rentiere? Und hinterm Ruckenberg, sagst du?« fragt Milak und hebt die Schultern. »Mädchen, du redest noch halb im Schlaf. Seit Monaten hat kein Wild mehr in unsere Täler gefunden.«

Buni tauscht mit ihm einen Blick. »Ich krieche zu dir, daß du wieder warm wirst«, sagt sie und hebt die Decken. »Komm, schlaf noch mal.«

Ich schüttele den Kopf, befreie mich von den Felldecken, schnüre meine Fußhäute fest und streife die Wolfsfelljacke über. »Wenn keiner mitkommt, gehe ich allein«, erkläre ich und greife nach meinem Speer.

Jetzt ist auch Kob, Akas kleiner Bruder, aufgewacht. »Bringt Qila Fleisch?« fragt er und zupft an Bunis Gürtel.

»Ja, viel Fleisch«, rufe ich ihm beim Hinausgehen zu. »Und du bekommst einen Markknochen.«

Ich gehe zwischen den stillen Hütten hindurch und steige über den Außenzaun der Siedlung ins Freie. Meine Füße stolpern vor Ungeduld und Eile, um voranzukommen und das Tal auszuspähen, wo Fleisch auf unsere hungrigen Mägen wartet, Nahrung für unsere Leute. Wenn nur ein paar Jäger aus den anderen Hütten mit dabei wären, wenn wenigstens Milak mitgegangen wäre! Denn wir beide sind beim Jagen aufeinander eingespielt, und wir könnten zusammen mehr Fleisch machen als ich allein. Aber ich verstehe Milak. Denn die Jäger unserer Siedlung kommen Tag für Tag mit leeren Schultern und Händen von ihren Streifzügen zurück. Kein Wild bringt uns sein Fleisch, um uns vor dem Hunger zu retten. Unsere Vorratsgruben mit gesäuertem Fisch sind ausgeräumt, die Faltbeutel fürs Trockenfleisch und die Beerenbehälter hängen schlaff unterm Hüttendach. Buni hat alle Graskörnersäcke schon zweimal gewendet, hat aus den Fettblasen die letzten Reste herausgeschabt, und der Talg für unsere Lampen ist seit langem verbraucht. Bestenfalls geht uns mal ein Fuchs oder Hase in die Schlinge, aber wir sind auch schon froh, wenn wir wenigstens ein paar erfrorene Vögel aus dem Schnee auflesen können. In unserer Verzweiflung versuchen wir sogar Moos und Flechten zu kochen. Doch die Suppe ist so bitter, daß sich selbst unsere zusammengeschrumpften Mägen dagegen wehren. In den Tälern rund um den Ruckenberg gibt es nichts mehr, was uns zu leben hilft. Vielleicht sind wir verhungert, bis die Zugvögel wiederkehren, oder aber das Zeichen der Bisonfrau führt uns jetzt Wild zu, daß wir nicht sterben müssen.

Der Weg bis zu dem Platz, an dem ich die Schneehühner gesehen hatte, ist weiter, als ich dachte. Aber ich erkenne die Stelle wieder. Hier ist sie, bei den Kriechweiden zwischen den beiden hohen Steinen. Ich blicke mich um und überlege, wie ich am besten ins Tal hinter dem Berg gelange, und entdecke dabei Milak, der hinten über den Zaun steigt und mir winkt, auf ihn zu warten. Das Mondlicht ist so stark, daß ich selbst aus dieser Entfernung die weiße Knochenspitze von seinem Speer und den Wurfriemen um seinen Arm wahrnehmen kann. Gut, daß Milak es sich doch noch anders überlegt hat. Denn ich weiß nicht, ob ich es allein überhaupt schaffen würde, die Tiere aufzuspüren.

»War es hier?« erkundigt sich Milak, als er an meiner Seite steht. Sein Atem dampft, und in seinem kurzen Bart sitzt dicker Reif.

»Ja, und in diese Richtung sind sie davongeflogen«, zeige ich ihm. »Aber wieso kommst du allein? Hast du Ome und den anderen Männern keinen Bescheid gesagt?«

Milak winkt ab. »Ich möchte die Leute nicht umsonst aufscheuchen«, meint er. »Komm, wir nehmen den Weg über die Bergseite. Von oben aus können wir Ausschau halten.«

Ich nicke ihm zu, und dann arbeiten wir uns das Gefälle empor. Wir haben Glück, daß der Schnee nicht so tief liegt, sonst brauchten wir Schneeschuhe und der Anstieg wäre noch beschwerlicher. Aber es ist kalt, sehr kalt, und es geht ein Wind, der messerscharf in die Lungen schneidet. Das letzte Stück bis zum Kamm kriechen wir, das Gesicht kaum über den Schnee gehoben, bis wir ins andere Tal hinabschauen können. Und da sind sie tatsächlich!

Eine kleine Rentierherde lagert unten am Hang, mehr Tiere, als ich Finger und Zehen habe. Ich wage kaum zu atmen, greife durchs Leder der Gürteltasche nach meiner kleinen knubbeligen Mutterfraufigur und drücke sie so fest ich kann, damit sie merkt, wie froh ich bin. Ich habe das Zeichen der Bisonfrau richtig verstanden. Die Rentiere sind zu uns ins Tal gekommen und bieten uns ihr Fleisch zur Nahrung an.
»Sie haben sich auf den verkehrten Platz gestellt«, flüstert Milak mir zu.
Ich werfe ihm einen fragenden Blick zu. Aber dann sehe ich, daß Milak recht hat. Von dieser Bergseite aus können wir uns nicht an die Herde heranschleichen, ohne von der Leitkuh, die zwischen den Tieren steht und wacht, bemerkt zu werden.
»Wir versuchen es von der anderen Seite aus und umgehen unten den Berg«, erklärt Milak kaum hörbar und schiebt sich geräuschlos hangabwärts in unsere alte Spur zurück.
Die Runde um den Ruckenberg ist sonst kein langer Weg. Doch jetzt, bei Nacht und in der zugigen Kälte, wird daraus ein langer, anstrengender Marsch. Und wir treiben uns zur Eile an, weil wir fürchten, die Tiere könnten unterdessen weiterziehen. Dann aber haben wir den gegenüberliegenden Talgrund erreicht und erkennen weit hinten am Hang den schattenhaften Umriß der Herde. Sie hat ihren Platz nicht gewechselt, und wir lächeln uns zu, glücklich, daß wir uns nicht vergeblich abgehetzt haben. Während das Mondgestirn langsam zu den Morgenber-

gen wandert, rutschen wir bäuchlings über gefrorene Flechten, durch Flugschnee und rauhes Gestrüpp auf die Herde zu, bis wir die Leiber der einzelnen Tiere unterscheiden können. Die Kälte spüre ich nicht mehr, ich habe sie vor lauter Erregung vergessen. Meine Ohren glühen, und ich muß an mich halten, um nicht endlich loszustürmen. Doch Milak bedeutet mir mit einem Handzeichen zu warten. Er schiebt sich behutsam näher heran und läßt sich viel Zeit, um sicherzugehen, daß uns die Tiere nicht jetzt noch entwischen. Das Leittier bemerkt uns erst, als wir uns fast bis auf Sprungweite herangearbeitet haben. Dann aber schnüffelt es plötzlich mit seiner langen Nase und grunzt einen Befehl. Milak ist jedoch schon aufgesprungen, noch ehe die Tiere richtig auf die Beine gekommen sind. Sein Wurfriemen fliegt und verfängt sich im Gehörn eines Tieres. Auch mein Speer hat Glück. Eine Rentierkuh zeichnet eine breite Blutspur im Schnee. Während ich ihr nachsetze und mit dem Fangmesser zustoße, sucht die restliche Herde das Weite. Milak schleudert seinen Speer hinterher. Die Spitze schlägt knirschend hinterm Schulterblatt eines der letzten Tiere ein. Es bricht auf der Stelle zusammen, fegt mit dem Gehörn durch den Schnee und streckt schließlich starr seine Läufe von sich.

Die Jagd ist zu Ende. Einen Augenblick stehen wir reglos da, noch benommen von der Anspannung. Dann fallen wir uns in die Arme. Drei Tiere sind auf der Strecke geblieben, genug Fleisch, um uns tagelang daran satt zu essen. Milak tanzt, wirft seine Arme hoch und lacht. »Qila,

wir haben es geschafft!« schreit er und wirbelt mich im Kreis herum. Meine aufgerissenen Lippen tun weh, aber ich lache und tanze mit, bis sich mir der Kopf dreht.
»Allein kriegen wir die Tiere nicht weg«, ruft er. »Los, lauf du zu den Hütten. Aber sieh zu, daß sich die Leute beeilen. Ich bin naßgeschwitzt. Wenn ich nicht bald ins Warme komme, hole ich mir den Tod.«
»Wir sind beide verschwitzt, und du kommst mit, Milak«, widerspreche ich. »Es dauert zu lange, bis unsere Leute hier sind.«
»Und das Fleisch?« schreit er. »Meinst du, ich lasse es für die Hyänen liegen?«
»Ich denke an keine Hyäne. Ich denke an dich«, sage ich.
»Fleisch kann man verlieren, aber einen Jäger nicht. Roll deinen Wurfriemen ein und komm.«
Milak preßt die Lippen zusammen, aber er gibt nach und sammelt sein Jagdgerät ein. Bis wir beim Zaun sind, färbt das Tageslicht den Himmel grau.
»Ho, ho, Leute, wir haben Fleisch zu essen!« ruft Milak über den Hüttenplatz. »Kommt, holt Fleisch!«
Die Siedlung wird wach. Während ich mit steifen Beinen über den Zaun steige, drängen sich Kinder, Frauen und Männer um Milak, lärmen und rufen durcheinander, daß keiner mehr sein eigenes Wort versteht. Ich schaffe es gerade noch bis zu unserer Hütte.
Im Eingang pralle ich auf Kob. Er hat seine Schlafdecke um sich gezogen und stolpert über ihre Enden. »Qila, hast du Fleisch? Kriege ich meinen Markknochen?« fragt er.

Ich strubbele ihm durchs Haar. »Erst müssen die Leute das Fleisch holen«, erkläre ich ihm. »Es liegt hinten im Ruckenbergtal. Aber du bekommst deinen Knochen, ich habe es dir versprochen.«
Ich steige aus meiner vereisten Überhose, zwänge mich aus der Wolfsjacke und verkrieche mich in der Hütte zwischen den Felldecken. Buni kniet sich zu mir, öffnet mir die Schuhe, hebt ihre Jacke und preßt meine verfrorenen Zehen gegen ihren nackten warmen Bauch. Mit heißen Stichen kehrt das Blut zurück, und ich schließe die Augen. Ich bin so betäubt von der langen Nacht, daß ich augenblicklich einschlafe.
Nach endlos langer Zeit wache ich wieder auf, gähne, räuspere mich und strecke meine Glieder. Buni hat mich gehört. Sie steht bei der Kochgrube und rührt in der Brühe.
»Qila, dein Essen wartet«, ruft sie. »Setz dich zu mir.«
Neben dem Herdfeuer entdecke ich Bratfleisch am Knochenspieß, schneide mir ein Stück ab und stopfe es in den Mund. Buni hebt einen Kochstein aus der Glut und legt ihn in die Brühe. Es zischt und dampft, die Suppe blubbert und riecht würzig nach Kräutern. Buni und Milak haben mich vor Jahren in der Wildnis aufgelesen und an Kindes Statt angenommen. In der schneeverwehten Hütte lagen die Leichen meiner Eltern und Geschwister, ausgehungert, zu Eis gefroren, nur ich war noch am Leben gewesen. So hat es Milak mir erzählt. Ich selbst habe nicht die geringste Erinnerung an die Zeit, die vorher war, ehe ich an Bunis und Milaks Herdplatz kam.

»Nimm eine Schüssel«, sagt Buni. »Dein Löffel liegt hier.«
»Ich bin noch ganz verschlafen. Ist eigentlich Morgen oder Abend?« erkundige ich mich. »Und wo sind all die anderen?«
»Milak sitzt wohl mit den anderen Männern bei Ome«, meint Buni. »Du warst nicht wach zu kriegen und hast den ganzen Tag über geschlafen. Es wird bald Nacht.«
»Und was ist mit dem Fleisch?« frage ich. »Haben es die Männer inzwischen geholt?«
»Ja«, sagt sie. »Die alte Iwi ist schon dabei, die Felle zu schaben. Eins davon ist für dich. Du kannst dir daraus neue Hosen nähen. Und zum Essen habe ich dir das Beste aufgehoben. Eine Rentierkuh war trächtig, hier in der Brühe kocht für dich ihr Kälbchen. Es hat süßes, leckeres Fleisch.«
»Ein Kälbchen?« wiederhole ich.
Buni nickt. »Ich habe das Kleine ausgehäutet«, erklärt sie. »Aus dem Fellchen macht Iwi ein weiches, zartes Lederstück. Du kannst dir überlegen, was du damit anfangen willst.«
Es schnürt mir den Hals zu. Ich drehe meine Schüssel um und lege den Löffel beiseite. »Ich mag nichts davon essen«, sage ich. »Und das Fell kann Iwi behalten. Ich will es nicht.«
Mir kommen die Tränen beim Sprechen.
Buni kniet sich zu mir. »Das war gestern nacht alles zuviel für dich«, tröstet sie mich. »Aber das Frühjahr ist nicht mehr weit, da sind viele Muttertiere trächtig und warten

darauf zu werfen, sobald sie das Eis tauen hören. Da kommt es beim Jagen schon vor, daß so ein Kleines mit seiner Mutter stirbt.«
»Man soll es aber nicht noch aufessen«, schluchze ich.
Doch Buni kommt nicht dazu, mir zu antworten. Kob stürmt in die Hütte, entdeckt mich und ruft nach draußen: »Ihr könnt sie jetzt fragen. Qila sitzt am Feuer, sie schläft nicht mehr.«
Im Nu ist das Lederhaus voller Leute, und von außen drängen noch mehr hinein. Ich hocke so nah am Feuer, daß es mir fast die Haare absengt. Hinter dem Mittelpfosten bemerke ich auch Milak. Was wollen die Leute alle bei uns?
Kob hat es geschafft, neben mir einen Platz zu finden, und fragt laut: »Stimmt das, Qila, daß du durch den Berg gucken kannst?«
»Wer sagt das?« frage ich und muß lachen.
»Milak«, antwortet er und zeigt auf seinen Vater. »Er sagt, du hast im Schlaf die Rentiere hinterm Berg gesehen.«
Es gefällt mir nicht, daß Milak meine Geschichte anderen Leuten erzählt, und ich blicke vorwurfsvoll in seine Richtung.
Milak hält den Kopf schief und kratzt sich. »Es ist doch so«, verteidigt er sich. »Sie standen da, genau wie du gesagt hast.«
»Dann kannst du also im Dunkeln sehen«, meint Lao, die neben Aka sitzt.
Ich verstecke mich in meiner Jacke und gebe auf zehn

Fragen eine halbe Antwort. Ich mag nicht von so vielen Augen angestarrt werden. Buni sieht, wie ich mich klein mache, und reicht mir über die Köpfe den Wassersack her. »Hol Schnee«, ruft sie. »Nach dem Fleisch gibt es viel Durst.« Ich dränge mich zum Eingang durch, hole tief Luft und bin froh, dem Gedränge und den Fragen entronnen zu sein.

Mittlerweile ist es dunkel geworden. Scharfer Wind zieht zwischen den Hütten. Ich beeile mich, auf der anderen Zaunseite den Sack mit Schnee vollzustopfen und zur Hütte zu schleifen. Als ich den Vorhang hebe, schlägt mir eine Wolke von Schweiß und Kochdunst entgegen. Ich mag mich nicht noch mal unter die Leute setzen, lasse den Sack beim Eingang und laufe zu Iwis kleinem Lederhaus, wo ich noch Herdlichtfeuer sehe. Die alte Frau wird mich in Ruhe lassen. Sie erwartet auch nicht, daß man viel mit ihr spricht, weil sie selbst nur schwer zu verstehen ist. Ich kratze am Vorhang, trete ein, und Iwi winkt mich an den Herdplatz.

Ich genieße es, einfach dazusitzen, ohne daß jemand etwas von mir will. Iwi hat eins von den Rentierfellen auf dem Boden ausgespannt und schabt die verderblichen Fleisch- und Fettreste von der Haut. Ich sehe ihr zu, halte meine kleine Mutterfrau zwischen den Händen warm und lasse mich von Iwis halblauten Liedern einlullen. Mir ist wohl, und nach einer Weile fange ich an zu erzählen. Ich schildere Iwi, wie Milaks Wurfriemen das Rentier umriß, erzähle von den Schneehühnern, die uns die Erdmutter geschickt hat, beschreibe das dichte Flauschhaar der

Bisonfrau und versuche Worte für das unheimliche Gefühl zu finden, das mich im Dunkeln aufgeschreckt hatte. Ich weiß nicht, ob Iwi überhaupt zuhört, denn sie fragt und sagt nichts, murmelt und singt vor sich hin, schabt und kratzt, ohne ihre Arbeit zu unterbrechen. Sie schaut erst auf, als ich ihr meine Mutterfraufigur zeige.

»Es ist die Erdmutter«, nickt sie. »Sie steht auf zwei Beinen und hat einen Kopf wie eine Menschenfrau. Woher hast du sie?«

»Aus einer Höhle am Ausgang vom Tal«, berichte ich ihr. »Ich grub nach scharfen Steinen im Boden, und da lag sie. Ich glaube, sie hat darauf gewartet, daß jemand sie sieht, denn sie war schon fast bis an die Oberfläche gestiegen.«

»Vielleicht wollte sie, daß du sie findest«, meint die alte Frau, drückt der Figur einen Kuß auf und fährt mir über die Backe.

Ich merke, wie deutlich sie sprechen kann, wenn sie wirklich reden will. Sobald ich genau hinhöre, verstehe ich Iwi ohne viel Mühe. Ja, und es ist genau, wie sie sagt: Ich hatte damals wirklich das Empfinden, die kleine Mutter hätte darauf gewartet, zu mir zu kommen. Darum habe ich sie auch Aka nicht gegeben, die mich angebettelt hatte, ich solle ihr die Figur schenken. Aber die kleine Mutter ist ein Geschenk der Erdmutter an mich, und ich würde sie um nichts hergeben. Sie ist schön in der Hand zu halten, denn ihre Haut ist glatt und ihre Gestalt überall rund und dick, am Gesäß wie am Bauch, und die Brüste hängen ihr fast bis an den Nabel. Ein richtiges Gesicht hat sie

nicht, aber oben auf dem Kopf erkennt man schön gescheiteltes Haar.
Warum die kleine Mutter gerade zu mir gekommen ist, weiß ich nicht. Denn ich sehe ganz anders aus als sie. »Du hast vorn und hinten nichts«, hat Buni mir einmal gesagt. Sicher nicht, um mich zu ärgern. Sie wundert sich wohl einfach, daß der Mond noch nicht mein Blut zieht und wieso mir keine Brüste wachsen. Ich verstehe nicht, warum aus mir keine Frau wird, denn ich bin ja kein Kind mehr. Ich bin in der letzten Zeit groß gewachsen, habe schönes langes Haar, meine Beine sind ausdauernd und flink, die Hände verstehen zu flechten und zu nähen, und in meinen Armen ist Kraft, den Speer zu schleudern. Aber weil ich so schmal bin und nichts von einer Frau an mir habe, frage ich mich, ob jemals irgendein Mann an mir Gefallen finden wird.
Es ist unterdessen spät geworden. Doch Iwi sitzt noch auf dem Fell, schabt und singt. »Darf ich morgen wiederkommen?« frage ich sie. Iwi nickt und scheint sich sogar zu freuen, denn sie winkt mir beim Hinausgehen zu. Ich bücke mich unter den Ledervorhang, renne los und komme außer Atem bei unserer Hütte an. Drinnen ist es bereits dunkel, und vom Feuer erkenne ich bloß ein paar Glutritzen zwischen den Steinen, mit denen wir abends die Glut abdecken, um die Hitze zu speichern. Ich tappe zu meiner Schlafstelle und wickele mich in die Decken. Es ist warm zwischen den Wänden, und heute nacht werde ich bestimmt gut schlafen. Drüben höre ich Buni mit Milak flüstern und lachen, verschränke die Hände un-

term Kopf und denke an Iwi in ihrem kleinen Lederhaus. Es ist merkwürdig, daß sie so abgeschieden und alleine lebt. Doch wenn wir in unser Sommerlager marschieren, findet sich bestimmt ein Mann, der sie auf den Rücken nimmt, sobald ihre Beine nicht mehr mithalten können. Und es gibt auch genügend Leute, die ihr Essen mit Iwi teilen, weil sie ja niemand hat, der für sie jagt. Auch Milak gehört zu den Jägern, die Iwi von ihrer Beute abgeben, und er meint, daß es ihr eigentlich nie am Nötigsten fehlt, selbst wenn wir in der Siedlung vor Hunger schon unsere Läuse essen. Irgendwie ist Iwi anders als alle Menschen, die ich sonst kenne, doch ich weiß nicht, woran das liegt. Jedenfalls war ich heute abend froh, bei ihr sitzen zu können, und ich freue mich, die alte Frau morgen wieder zu besuchen. Ich lausche auf die schweren Atemzüge von Milak und ärgere mich noch mal, daß er mich vor allen Leuten so in Verlegenheit gebracht hat. Doch ich mag Milak sonst gut leiden, und der Ärger ist eigentlich schon so weit weg, daß er mir nicht mehr viel ausmacht.

Als ich Milak morgens allein in der Hütte begegne, strahlt er. »Wir denken, bei Buni wird wieder etwas Kleines wachsen«, vertraut er mir an.

»Oh, das ist gut«, rufe ich, drücke mich an ihn und freue mich. Denn als der Frost kam, hat Milak ein Neugeborenes über den Zaun tragen müssen, weil Buni keine Milch für das Kleine hatte. Jetzt kommt seine Seele zu ihr zurück.

»Ich will am Ruckenberg noch mal die Spur abgehen«, sagt er und sucht sein Jagdgerät zusammen.

»Kommst du mit?«
Ich denke an den langen Marsch, die Kälte und daß ich später zu Iwi wollte. »Nein, ich mag heute nicht«, antworte ich. »Ich bin noch müde vom letztenmal.«
Ich lege mich in die Schlafkuhle, schließe die Augen und höre, wie Milak die Hütte verläßt. Ich habe Iwi nichts von dem Rentierkälbchen erzählt, das man seiner Mutter aus dem Bauch geschnitten hat, aber es beschäftigt mich die ganze Zeit. Ob es noch in seinem Hautsack gezappelt hat? Manchmal tun sie das, wenigstens habe ich es schon gesehen. Sonst habe ich mir nicht viel dabei gedacht, aber diesmal muß ich immer wieder an den blutigen Hautsack denken, in dem sich das ungeborene Tierkind bewegt. Es wird mir fast übel davon. Ich stelle mir vor, wie das Kleine im Mutterleib liegt und es gut hat, und dann kommt ein Speer und tötet seine Mutter, und wir essen das Tierkind auch noch auf. Und es kann nicht mal zu ihr zurückschlüpfen wie Bunis Kind, damit es wieder auf die Welt kommt. Denn die Rentiermutter ist tot, vielleicht sogar von meinem Speer. Wie kriegt das Kleine nun einen neuen Geburtsplatz? Wird es überhaupt den Weg zur Erdmutter finden, daß sie ihm hilft?
Dann hält es mich auf einmal nicht mehr zwischen den Fellen. Ich habe einen Einfall, einen plötzlichen Gedanken, springe auf, rolle mein Lager zusammen und schiebe die Schlafsachen auf die Seite. Irgendwo muß eine Hacke sein. Ich finde sie bei Bunis Geräten und beginne das Flechtenpolster unter meinem Schlafplatz zu lockern. Eissplitter stieben mir ins Gesicht, denn ich muß mit aller

Kraft zuschlagen, weil die Flechten vom Frost fest zusammengebacken sind.

Mitten in meine Arbeit platzt Aka herein. »Was gibt denn das?« erkundigt sie sich. »Willst du Flechten auffüllen?«

»Nein«, sage ich. »Darunter sind Steine, die runden Kiesel vom Fluß. Danach suche ich.«

»Was willst du denn mit den Steinen?« will sie wissen und steigt zu mir in das Loch.

Ich werde ungeduldig, denn ich bin mit meinen Gedanken ganz woanders. Da höre ich draußen auch noch Buni mit Kob. Gleich werden sie alle um mich herumstehen und mich ausfragen.

»Geh aus dem Loch«, fauche ich. »Merkst du nicht, daß du im Weg bist?«

Aka sagt nichts, aber dann rennt sie ihrer Mutter in die Arme und beschwert sich. Und nun kommt auch noch Buni und will erfahren, was ich da unten treibe. Jetzt werde ich richtig böse, spucke aus und schreie sie an: »Könnt ihr mich nicht alleine lassen? Ihr seht doch, daß ich meine Ruhe haben will.«

»Geht zu Soak und Alki nebenan«, sagt Buni zu den Kindern. »Vielleicht findet ihr da jemand zum Spielen.«

Während ich weiterhacke, setzt Buni sich an die Herdgrube und spaltet die Zehenglieder des Rentiers, um das Mark herauszuschälen. Mir wäre lieber, sie wäre auch gegangen, aber wenigstens schimpft sie nicht mit mir. Ich könnte Buni erklären, daß ich nach einem Stein für die Rentiermutter suche, ich könnte ihr sagen, daß ich die Gestalt der Rentierfrau, ihr Bild, darauf festmachen will.

Aber wie ich das anfange, weiß ich selbst noch nicht. Mir ist auch nicht klar, ob es der Rentiermutter gefällt, in den Stein zu kommen, und ich muß mir erst überlegen, wie ich ihr zureden soll, damit sie mir ihr Bild überläßt. Jedenfalls mag ich nicht vorher mit Aka oder Buni darüber reden, weil ich sonst unsicher werde, ob mir das Ganze überhaupt gelingt. Doch meine Leute verstehen mich nicht. Sie machen mir den Kopf krank mit ihren vielen Fragen. Und was kann ich dazu, wenn ich dann so in Wut gerate?

Mir zittern noch die Hände, als ich später bei Iwi sitze, und es dauert eine Zeit, bis ich mich zur Ruhe gebracht habe. Doch meinen Stein habe ich gefunden. Er ist genauso, wie ich ihn mir vorgestellt habe, so groß wie meine Handfläche, dunkel, abgeflacht und rund. Die alte Frau kauert wieder auf ihren Fellen, knetet sie und walkt Öl hinein, um die Häute haltbar und locker zu machen. Die Plackerei scheint ihr nichts auszumachen, vielleicht sind es ihre Lieder, die ihre Hände so stark und ausdauernd machen. Die Zeit wird mir nicht lang. Ich sehe in die Flammen, hole von draußen noch mal einen Arm voll Knochen zum Verfeuern und fülle zwischendurch den Wassersack auf.

Dann nehme ich mir meinen Stein vor. Ich sehe schon die Rentierkuh, die ich in ihn hineinholen will, ein trächtiges Tier mit tiefhängendem Bauch, das seinen Kopf hebt, die Ohren spitzt und darauf bedacht ist, sein Ungeborenes zu schützen. Es sollen schöne weiße Linien sein, die sich kräftig vom Untergrund abheben. Aber ich mag heute noch nicht damit anfangen. Erst muß ich mir genau überlegen, wie ich es anstelle, das Bild aus meinem Kopf auf den Stein zu bringen. Es ist, als ob Iwis Lieder mir beim Nachdenken helfen, denn während sie singt, sehe ich die Rentierkuh immer deutlicher vor mir. Ich möchte gern mitsingen, doch Iwis Lieder haben fremdartige Worte, die ich nicht kenne.

»Bring mir eins von deinen Liedern bei«, bitte ich schließlich.

»Dann paß auf«, sagt sie. »Das nächste singe ich für dich.« Nach ein paar Tönen hält sie ein, wiederholt sie, und ich versuche nachzusingen.

»Drüben im Behälter muß die Rassel sein«, sagt Iwi, nachdem ich das ganze Lied einmal durchgesungen habe. »Nimm sie dazu, dann klingt es richtiger.«

Den Klangkörper der Rassel bilden mehrere getrocknete Schneehühnermägen, in denen kleine Steinchen ratschen, und ihr Handgriff ist aus dem Gliedknochen eines Bären geschnitzt. In dem Gerät muß eine besondere Kraft wohnen. Denn während ich die Rassel schlage, geht mir die Melodie plötzlich ein, und die Worte klingen auf einmal nicht mehr fremd. Ich kann gar nicht aufhören, mir das Lied immer wieder von neuem vorzusingen, und Iwi begleitet mich summend und wiegt ihren weißhaarigen Kopf dazu. Am liebsten würde ich die ganze Nacht hierbleiben.

»Kann ich heute bei dir schlafen?« erkundige ich mich, denn wir in der Siedlung schlafen oft reihum in den vier, fünf Hütten, aber bei Iwi habe ich noch nie übernachtet.

Die alte Frau runzelt die Brauen. Vielleicht hätte ich sie lieber doch nicht gefragt.
»Ich kann aber auch zu meinen Leuten gehen«, sage ich.
»Ja, es ist besser, du gehst«, nickt sie mir zu.
Ich murmele einen Gruß und schlüpfe in die Nacht hinaus. Spät kann es noch nicht sein, denn der Mond blickt erst vom Himmelsrand auf unsere Hütten. Buni ist noch auf. Sie sitzt beim Herdlicht, hat meine Wolfsjacke auf den Knien und bessert eine Naht aus.
»Wir haben dir Essen aufgehoben, Qila«, begrüßt sie mich. »Zwei Schneehasen sind Milak in die Schlingen gegangen.«
Mein Lager, das ich heute früh verwüstet zurückgelassen hatte, ist schon gerichtet.
»Und was ist mit dem Loch darunter?« frage ich.
»Milak hat Flechten geschnitten und unter den Decken neu aufgeschüttet«, berichtet Buni. »Heute nacht wirst du weich liegen.«
Ich bin froh, daß ich mein Lager nicht noch in Ordnung bringen muß, setze mich hin und esse. Das Hasenfleisch ist dünn und zäh. Aber so ist es gegen Winterende, wenn Mensch und Tier abgemagert sind, weil sie ihr Fettpolster aufgebraucht haben. Ich kaue ohne Eile, trinke ein paar Schluck, knabbere einen Knochen sauber und verschwinde noch mal nach draußen. Meine Leute sind gut zu mir, jedenfalls kann ich nicht sagen, daß einer von ihnen mir etwas Schlechtes tut. Dabei bin ich oft unleidlich, besonders zu Buni. Aber in der letzten Zeit gebe ich mich eigentlich gegenüber jedermann kratzig oder ziehe mich in

abweisendes Schweigen zurück. Irgendwas in mir rennt dauernd vor den Leuten weg. Dabei hätten Buni und Milak meine Launen am allerwenigsten verdient. Mit Milak komme ich noch zurecht, denn wir sind bei der Jagd aufeinander angewiesen. Aber Buni tut mir leid, denn sie kriegt es meist als erste zu spüren, wenn ich gereizt bin. Sie wehrt sich auch nicht, und das bringt mich noch mehr gegen sie auf.

Bis ich im Haus bin, hat sie das Feuer bereits abgedeckt. Ich höre nur noch ihr Räuspern und Husten vom Schlafplatz. Eilig streife ich meine Oberbekleidung ab und husche zwischen die Decken. Milak muß eine Menge Flechten in meine Schlafkuhle geschafft haben, so gut gepolstert fühlt es sich unter mir an. Ich bin noch nicht müde, grübele über Iwi nach, warum sie mich nicht bei sich übernachten ließ, denke an den Bildstein und überlege, welche Werkzeuge ich morgen dafür zum Bearbeiten brauche. Doch ich komme nicht weit mit meinen Überlegungen, denn Iwis Lied summt unablässig in meinem Kopf, macht meine Gedanken träge und schläfert mich schließlich ein.

Frühmorgens empfängt mich draußen die aufgehende Sonne. Sie glitzert blutrot im Schnee und taucht unsere Hütten wie in Feuerschein. Ich atme tief durch und stehe einen Augenblick später vor Iwis Hütte, kratze am Vorhang und trete ein. Es duftet nach Tee.

»Bekomme ich einen Schluck?« bitte ich.

Iwi hält mir ihre Schale entgegen. Der Tee ist ungewohnt süß, ich mag ihn lieber aus Bitterkräutern zubereitet, wie

Buni ihn kocht. »Er schmeckt nach Sommerbeeren«, sage ich.
»Sie sind gut für die Brust«, erklärt Iwi. »Du bist früh auf, Qila. Willst du dich zu mir setzen?«
»Darf ich?« frage ich und erzähle von der Rentierkuh mit dem herausgeschnittenen Kind und daß ich ihm helfen will, den Weg zur Erdmutter zu finden.
»Dann such dir einen Platz am Feuer«, lädt Iwi mich ein. »Wir beide haben zu tun, und keiner soll dich stören. Der Vorhang am Eingang bleibt zu.«
Die alte Frau versteht mich, und ich bin dankbar, mich in Ruhe auf meine Arbeit einstellen zu können. Ich schüre das Feuer, lege neues Brennmaterial nach und packe meine Tasche aus. Die kleine Mutterfrau mit ihren spitz zulaufenden Beinen stecke ich neben der Herdgrube auf einen langen Röhrenknochen. Sie soll mir zusehen. Dann ordne ich mein Steinwerkzeug und lege alles in Griffnähe. Die beiden Messerklingen brauche ich nicht, aber den rotbraunen Kielkratzer und die spitzen Stichel. Zuletzt wärme ich meinen Stein auf, hauche ihn an und reibe seine Haut, bis ich Leben in ihm fühle.
Ich habe die Rentierkuh fest umrissen vor Augen, und ich muß die Lider nicht schließen, um sie zu sehen. Nur ist sie viel zu groß für den Stein.
»Du mußt dich hinten ins Tal stellen«, sage ich ihr.
Ja, so hat sie die richtige Größe, merke ich und führe den Kratzstein ihren Umriß entlang, bis die fertige Zeichnung weiß auf der Steinhaut erscheint.
»Da bist du ja, und wie schön du bist«, flüstere ich ihr zu.

Alle Einzelheiten sind deutlich zu erkennen. Die sehnigen Beine, der gestreckte Rumpf mit dem Schwung in der Rückenlinie, der füllige Bauch darunter, ein starker Hals, die Kopfpartie mit den kleinen Ohren, alles ist vollständig auf den Stein gekommen, sogar Auge und Nasenloch und die zarten Verästelungen im Geweih. Und die Arbeit ging in einem Zug, meine Hand mußte kein einziges Mal zögern.

Nun aber folgt der langwierigste Teil. Ich muß die Linien mit dem Stichel in den Stein graben, damit das Bild nicht verlorengeht.

»Zuerst nehme ich dein Standbein«, erklärte ich der Rentierfrau und drücke den Stichel fest in die knirschende Steinhaut.

»Es geht schwer, ich singe dir ein Lied dazu.«

Nach einer Weile kommt Iwi zu mir. Sie beobachtet meine Hände und merkt, wie ich mich mit dem harten Stein plage, denn seine Oberfläche ist derart spröde, daß der Stichel ständig wegrutschen will.

»Die Haut ist zu hart«, seufze ich. »Die Spitze greift nicht.«

»Versuche es mal mit einem anderen Lied«, meint sie. »Hör zu, ich singe dir eins, das schneidet.«

Iwis Stimme, ihre Melodien sind mir mittlerweile so vertraut, daß ich mich schnell auf das neue Lied einstimmen kann. Und während ich singe, merke ich, wie seine Worte, auch wenn ich sie nicht verstehe, mir helfen, Stichel und Kratzer besser anzusetzen und meine Linien tiefer in die Steinhaut zu bringen.

Am Nachmittag ist die Rentierkuh von Kopf bis Fuß in den Stein gekommen.
»Jetzt kannst du sie richtig sehen«, sage ich der Mutterfrau und halte ihr den Stein zum Betrachten hin. »Erkennst du ihren dicken Bauch? Da liegt ihr Kälbchen drin.«
Ich sitze da und wundere mich. Gestern war der Stein noch ein gewöhnlicher Kiesel, und jetzt ist er lebendig. Ich kann nicht aufhören, ihn zu betrachten.
»Komm, Iwi, guck es dir an«, rufe ich. Sie hat mir zwischendurch zugeschaut, aber jetzt sieht sie die fertige Figur zum ersten Mal.
»Es ist ein Stein, der spricht«, sagt sie. »Aber da fehlt noch etwas.«
Dann holt sie rote Malpaste aus einem Behälter, und ich sehe ihr zu, wie sie das Rot in die Ritzzeichnung streicht. Am Schluß rubbelt sie die überschüssigen Farbreste ab, poliert den Stein und legt ihn mir in die Hand. Die Rentierkuh hebt sich jetzt so kräftig von dem dunklen Untergrund ab, daß ich das Gefühl habe, sie könnte im nächsten Augenblick wegspringen. So wird ihr Kleines den Weg zur Erdmutter finden, sage ich mir, und mein Herz schlägt laut vor Freude.
»Die Farbe mußt du gut eintrocknen lassen«, sagt Iwi. Sie humpelt zu den abgeschabten Häuten und holt das winzige Fellkleid des Kälbchens. »Du kannst es um den Stein wickeln«, erklärt sie mir. »Das hält die Rentiermutter und ihr Kind warm. Und dann kannst du gehen.«
»Aber es ist noch lange nicht Abend«, wende ich ein und

stecke das Fellchen mit dem Stein in die Tasche. »Lieber würde ich noch hier sitzenbleiben.«
»Hör zu, Qila«, sagt sie. »Es ist nicht gut, wenn du soviel um mich bist. Die Leute gewöhnen sich daran. Sie denken, Iwi ist versorgt, und vergessen mich.«
»Ich sorge gern für dich«, beteuere ich ihr. »Du kannst dich auf mich verlassen. Ich kümmere mich um alles, was du brauchst.«
»Besser alle helfen als einer«, erwidert sie. »Du hast nur zwei Arme und einen Rücken. Soll ich etwa den ganzen Sommer auf dir reiten, wenn meine Beine müde werden?«
Iwi mag ja recht haben. Doch mir wäre es lieber, wenn ich bei ihr sein dürfte, kommen und gehen könnte, wie ich wollte. Wenn es Sommer wird, kann ich tagelang in die Tundra laufen, Hasen und Hamstern nachstellen und Moosbeeren sammeln, ohne einen Menschen zu vermissen. Aber in der langen Winterzeit finde ich keinen Platz, für mich allein zu sein, und fühle mich in unserer Hütte eingesperrt. Bei Iwi hatte ich es gut. Sie fragt nicht, sie redet nicht viel und läßt mich in Ruhe. Begreift sie nicht, was sie mir antut, wenn sie mich aus ihrem Haus schickt?
Mir geht es schlecht während der nächsten Tage. In unserer Hütte sind ständig zu viele Geräusche, zu viele Menschen, zuviel geschieht auf einmal. Alles, was um mich vorgeht, bedrängt mich, rückt mir so auf den Leib, daß ich kaum noch Luft kriege. Stimmen quälen mich, reden auf mich ein, und wenn ich mich umdrehe, ist niemand da. Wegrennen hilft nicht. Die Stimmen folgen, brechen

mir den Kopf auf, und ich kann mich nicht gegen sie wehren. Manchmal sind es bloß Lautfetzen oder Geräusche von vielen Vierbeinern, auch Vogelschreie, dann wieder murmeln völlig unzusammenhängende Worte in meinen Ohren. Wenn wenigstens die Nächte Ruhe brächten! Aber ich schlafe unruhig und kurz, und morgens erwarten mich neue Schrecken. Es gibt Augenblicke, wo ich nicht mehr weiß, was gestern und vorgestern war, Tage, an denen ich mir endlos meinen Namen vorsagen muß, um mich zu erinnern, wie ich aussehe und wer ich bin. Erst nach vielen Wach- und Schlafzeiten finde ich zu mir, belebe mich und nehme meine gewohnte Umgebung wahr. Ich sitze bei Buni und den Kindern, begutachte Milaks neue Schneeschuhe, lasse mich von den Leuten ansprechen, antworte, versuche zu essen und schlafe mehrere Nächte hindurch zum erstenmal seit langem tief und fest.

Ich fühle mich schließlich kräftig genug, jetzt auch wieder auf die Jagd zu gehen. Heute früh hat Milak Fangschlingen für seine Fallen aufgeladen, und wir sind mit unseren Speeren und Wurfhölzern talauswärts gegangen. Milak sucht neue Stellplätze für seine Schlingen, denn seit die letzten Knochen unserer Beute zum wiederholten Mal ausgekocht sind, geht der Hunger erneut unter uns um. Selbst Mäuse, Hamster und Murmeltiere sind wie vom Erdboden verschwunden. Es ist, als hielte die Erdmutter die Tiere des Jagdlandes vor den Menschen versteckt.

Seit gestern liegt anderes Wetter in der Luft. Wärme flutet ins Tal, und die tief ziehenden Wolken kündigen Schneefälle an. Doch Milak hat darauf bestanden, daß wir gehen. Während wir marschieren, Fallen überprüfen, neue Schlingen anbringen und nach Spuren Ausschau halten, hat uns das Wetter eingeholt. Dickflockiger Frühlingsschnee wirbelt um unsere Füße, die Winde laufen im Kreis, schütten Massen von Schnee über uns, der die Augen verkrustet und uns die Sicht nimmt. Von einem zum anderen Augenblick habe ich Milak verloren und tappe aufs Geratewohl allein durch den Treibschnee weiter. Dicke nasse Placken kleben an der Jacke, der Schnee brennt auf den Backen und häuft sich bis unter die Knie. Schwankend halte ich mich in Bewegung und wage nicht stehenzubleiben, aus Furcht, unter den weißen Flockenwirbeln begraben zu werden. Ich kann meine Richtung nicht überprüfen, weil der Wind meine Spuren sofort verweht. Plötzlich öffnet sich die Sicht, und ich stehe einem unförmigen, riesigen Felsbrocken gegenüber. Jetzt erkenne ich, wo ich bin. Am Hang über dem Fels führt eine Höhle in den Berg. Im vorigen Winter haben wir einige Zeit lang darin gewohnt, nachdem uns ein Wirbelsturm die Hütten davongetragen hatte.

Blind vor Schnee kämpfe ich mich den Hang hoch und muß dabei sehr aufpassen, nicht zu rutschen und abzustürzen. Endlich erreiche ich die halbrunde Felswand, in derem hinteren Teil der Höhleneingang liegt. Ich wische mir die Augen, presse mich an die Wand und lausche. Hier in der Nähe hatten unsere Männer einmal einen Bären aufgestöbert und zur Strecke gebracht. Aber nichts rührt sich in dem dunklen Gang. Ich betrete ihn mit stoß-

bereitem Speer, schnuppere noch mal und hoffe, daß der Platz frei von Raubtieren ist.
Ich lege meine Jagdgeräte ab und suche aus meiner Tasche die Feuerknolle mit der breiten Schlagkerbe hervor. An Brennstoff fehlt es nicht. Überall liegen Knochenreste verstreut, von Pferd und Mammut, Bison und Ren, die Überbleibsel der Beutetiere, an denen sich Löwen, Hyänen und Menschen gütlich taten. Als sich meine Augen an das Dämmerlicht gewöhnt haben, entdecke ich im Geröll sogar ein paar frische Knochenreste, die gut brennen. Ich kauere mich auf den Boden und schabe von einem trockenen Knochenteil so viel ab, wie das Feuer für seinen ersten Hunger braucht, schlage lange, sprühende Garben aus der Knolle, blase in die glimmenden Funken und sehe, wie das Feuertier erwacht.
Ich bekomme ein richtig großes Herdfeuer zugange, wärme mich auf, hänge meinen Gedanken nach und schaue in das Gestöber hinaus, dem ich entronnen bin. Ein derart ungestüm anhaltendes Schneetreiben habe ich noch nicht erlebt. Aber die schweren Flocken zeigen, daß sich der Frühling unserem Wohnplatz nähert. Bald wird die Welt wieder voll Vogelstimmen sein, wir können in unsere Sommerlager aufbrechen, und mir wird dann leichter werden.
Im Lauf des Vormittags hellt sich die Luft auf. Der Schnee fällt nicht mehr so dicht, und ich kann bereits bis ins Tal schauen. Die Landschaft ist unter dicken weißen Polstern versunken, die sich über dem Bodengesträuch und in hohen Verwehungen um die Felsklippen häufen.

Ich recke mich, gehe zum Ausgang und lutsche Eis gegen den Hunger. Ob ich es wage, den Hang hinabzusteigen? Meine Schneeschuhe liegen in der Siedlung, und hier könnte ich sie brauchen, denke ich ärgerlich. Denn ohne Schneeschuhe schaffe ich es kaum, mich bis zu unseren Hütten durchzukämpfen. Ich bin eingeschneit und muß mich auf langes Warten gefaßt machen. Da reißt plötzlich die Wolkendecke auf, die Sonne gleißt und überschüttet das Tal mit unwirklichem Licht. Ich kneife die Augen zusammen und halte den Kopf schief, um zu lauschen. Aus der Ferne kommt ein merkwürdiges Geräusch, ein hoher, singender Ton, der schnell anschwillt. Ich ziehe mich in den Höhlengang zurück, häufe hastig Knochen auf die rotstiebende Glut und decke die Feuerstelle mit Gesteinsbrocken ab. Es war keinen Augenblick zu früh. Denn jetzt fällt der Wind in die Höhle ein, zugige, saugende Luft faucht durch die Gänge, zerrt an meiner Kapuze, schüttet Schnee über mich. Ich hocke mich nieder und versuche, den Kopf auf die Knie gepreßt, mich möglichst klein zu machen. Blinzelnd nehme ich wahr, wie der Sturm unten im Tal den Neuschnee faßt, vom Boden reißt, in die Höhe peitscht und zu himmelwärts aufsteigenden Eismassen verwirbelt. Wo wird Milak sein, denke ich besorgt. Und werden unsere Hütten dem Unwetter standhalten?

Bis in den späten Tag fetzt mir der Wind um die Ohren. Als seine Gewalt endlich nachläßt, der Druck im Kopf verschwindet, hat sich die Sonne bereits gegen den Himmelsrand geneigt. Die Talsohle liegt leergefegt vor mir,

nur der verharschte, fest aufliegende Altschnee leuchtet im Sonnenuntergangslicht. Schneeschuhe brauche ich jetzt nicht mehr. Ich lasse meinen Speer hangabwärts gleiten und rutsche hinterdrein. Der Schotter ist so glatt, daß ich genau aufpassen muß, wohin ich trete, und ich bin froh, daß ich den Felsblock auf der Talsohle unbeschädigt erreiche. Ich will schon losgehen, als ich hinter der rückwärtigen Felskante ein Stück braunes Fell entdecke. Es hebt sich nur wenig vom Stein ab, aber ohne Zweifel, dahinter verbirgt sich ein Tier. Ich rühre mich nicht und warte mit gezücktem Speer, was da hinter dem Felsblock zum Vorschein kommt. Doch ich nehme nicht die geringste Bewegung wahr, höre auch nicht das kleinste Geräusch, so sehr ich auch meine Ohren spitze. Schließlich umschleiche ich den Stein von der anderen Seite, spähe um die Ecke und fahre gleich darauf erschrocken zurück. Ein riesiges Tier lehnt gegen den Stein, massig, untersetzt, die zotteligen Haare voll Schnee und mit einem Doppelhorn im Gesicht. Natürlich, jetzt weiß ich, was für ein Geschöpf das ist. Ein Nashorn, nach dem Mammut das gewaltigste Tier der Tundra. Aber von Nashörnern habe ich bisher nur erzählen gehört. Wie hat sich das Tier in unsere Nähe verirrt? Und warum gibt es keinen Ton von sich und rührt sich nicht?
Ich stehe gegen den Wind, fasse mir ein Herz und wage noch mal einen Blick. Das Geschöpf weicht nicht vom Fleck. Sein Wollhaarfell glitzert, und an dem kleineren Horn hängen Eiszapfen. Ich nehme meinen Speer fest in die Hände und stoße einen schrillen Jagdschrei aus. Die

Talwände werfen meine Stimme zurück, doch das Ungetüm setzt sich nicht in Bewegung. Mit zwei Sätzen bin ich an seiner Flanke, ziele, wo das Herz sein muß, und stoße mit aller Kraft zu. Der Schaft zersplittert, und ich falle hintenüber ins Flechtengestrüpp. Während ich mich aufrichte, begreife ich plötzlich, warum sich das Tier nicht bewegt. Es ist durch und durch zu Eis gefroren! Vom Schnee verschüttet, steht das Nashorn vielleicht schon seit Tagen hier im Felsschatten und wurde erst vom Wind heute freigelegt. Ich entdecke auch keine Biß- und Reißspuren anderer Tiere an ihm. Ganz und gar an einem Stück wartet es auf die Menschen, um ihnen sein Fleisch zu lassen.
Ich löse die beinerne Speerspitze aus der zerborstenen Schäftung, stecke sie in die Tasche und mache mich auf den Weg in unsere Siedlung. Meine Füße laufen von selbst und eilen, unseren Leuten die gute Nachricht zu bringen. Die Jäger stoßen im Winter öfters auf ein schneeverwehtes Tier, das vor Hunger geschwächt, von Kälte ermattet, nicht mehr auf die Beine kam und dann irgendwo verendet ist. In einem guten Jagdjahr lassen sie das Wild unbeachtet liegen, denn das Zerlegen von dem tiefgefrorenen Fleisch ist eine elende Schinderei. Aber in unserer Lage bedeutet der Fleischberg einen Essenvorrat für viele Tage, der uns dem Frühling eine Mondbreite näher bringt. Unsere Leute werden das Tier mit Steinhauern und Äxten aufbrechen, die Knochen auseinanderhacken, ein Feuer anzünden und sich an den Innereien satt essen, bevor sie das Fleisch zu den Hütten abschleppen. Es preßt mir vor Hunger den Magen zusammen,

wenn ich an das viele leckere Fleisch denke. Der Weg zieht sich, denn die Tundra ist im Dunkeln noch schwerer zu begehen, als sie es bei Tageslicht ohnehin schon ist. Doch die Aussicht auf Essen und Wärme hält mich in Bewegung. Endlich sehe ich rechts den Schatten des Rukkenbergs. Über seiner Höhe erhebt sich das Sternbild des Schwans, und bald wird der Mond sein Licht an den Himmel setzen.

Die Hütten haben, soweit ich im Sternenlicht erkenne, den Sturm überstanden, sogar Iwis Fellhäuschen steht noch auf seinem Platz. Unsere Leute werden gerade im ersten Schlaf liegen. Ich steige über den Knochenzaun und schreie, was meine Kehle hergibt: »Ho, ho, Leute, ladet euch Fleisch auf die Schultern! Kommt, wir haben Fleisch zu essen!«

Gug und Immap, die beiden Frauen aus der nächsten Hütte, stecken als erste ihre Köpfe nach draußen. »Qila ist da!« schreien sie ins Fellhaus zurück. »Tugak, Yaw, Papik, ihr Männer, hört ihr! Es gibt Fleisch zu holen!«

Und dann drängeln sie alle um mich, Kob reitet auf Milaks Schultern, und Buni läuft herbei und hängt mir eine Decke über. Ich kann mich vor Freude nicht halten, stelle mich auf die Zehen und lege noch mal los: »Ho, ho, Leute, wo bleibt ihr, wir haben Fleisch zu essen!«

Den Weg brauche ich nicht zu beschreiben, denn jeder kennt den unförmigen dicken Felsbrocken unterhalb der Höhle im Tal. Doch daß dort ein Wollnashorn auf die hungrigen Mägen der Menschen wartet, ist für keinen so schnell zu begreifen. Wie hat das Tier nur in unser Tal gefunden? Wieso hat keiner von den Männern es vorher entdeckt? Warum mußte es gerade Qila sein? So geht es hin und her, bis die ersten Männer und Jungen in die Hütten eilen, um ihr Fleischwerkzeug zu holen.

»Milak«, rufe ich, »wo bist du in dem Wetter geblieben?« Er setzt Kob ab, faßt mich unter und bringt mich zu unserer Hütte. »Ich war ganz in deiner Nähe«, berichtet er. »Das heißt, ein Stück weiter taleinwärts. In der ›Augenhöhle‹ oberhalb der Felsen mit dem ›Schnuppernden Vielfraß‹ bin ich untergeschlupft. Morgen wollte ich dich suchen.«

»Du wirst mich bestimmt in meiner Schlafkuhle finden«, sage ich zwischen Lachen und Gähnen, mache mich los und renne voraus in unser Haus. Bunis Herdfeuer brennt hell, sie hat schon heißen Tee bereit und wirft mir einen Klumpen Fett in die Schüssel dazu.

Die folgenden Tage gehen so dahin, wie es eben ist, wenn es das Leben gut mit einem meint. Du ißt und schläfst, die Arbeit geht dir von der Hand, du sitzt und unterhältst dich und weißt nichts von deinem Glück, weil alles so ist, wie es ist. Natürlich ist es ein Fest, wie die Männer nach und nach die riesigen Fleisch- und Knochenmengen zusammentragen und unter Omes Anweisung auf die einzelnen Familien verteilen. Der Hüttenplatz ist voll von Zurufen, Gelächter und fröhlichen Worten. Alles muß mehrfach zerlegt werden, bis es in die Herdgruben paßt, und es bleibt noch mehr als genug übrig, daß es sich lohnt, die gefrorenen Teile in die Vorratsgruben einzulegen. Es gibt auch beim Teilen keine bösen Bemerkungen, zumindest wüßte ich nichts davon. Nur die Eisfüchse werden zur Plage. Vom vielen Kochfleisch angelockt, tauchen sie plötzlich wie aus dem Nichts auf. Sie reißen an den Fellhütten, springen über Schlafstätten, und wer seine Notdurft am Zaun verrichtet, nimmt besser einen Knüppel für die schamlosen Burschen mit. Aber es hat den Anschein, als ob die Langschwänze noch boshafter und verwegener werden, je mehr wir von ihren Genossen totschlagen.

Die beiden Hörner meiner Beute werden mir zugesprochen. Aber was soll ich damit? Ich gebe sie Milak weiter, der das kleinere dem alten Ome vermacht. Der hat auch wie kein anderer ein Anrecht darauf, weil er als einziger die Lebensweise des Tieres kennt und uns darüber Aufschluß geben kann. Wir sitzen tagelang in Omes Hütte, die von Kipi, seiner jungen Frau, versorgt wird, und hören uns die gleichen Geschichten wieder von vorne an. Noch keinem von uns ist bisher ein lebendiges Nashorn begegnet, doch wer weiß, es könnte uns ja schon morgen über den Weg laufen. Deshalb ist es wichtig, möglichst viel über seine Gewohnheiten und seine Lebensweise zu erfahren.

»Ihr habt es selbst gesehen«, erzählt Ome. »An den Schultern ist es so groß wie ein kräftiger Jäger. Das untere Horn benutzt es, um den Schnee beiseite zu schaufeln, wenn es frißt. Aber wozu das obere gut ist, weiß ich nicht.«

»Ich habe gehört, es macht Lust zwischen den Beinen«, lacht Papik und macht eine deftige Bewegung.

»Man schabt davon ins Wasser und trinkt es.«
Wir alle müssen lachen. Jeder weiß, daß Papik keine Gelegenheit ausläßt, die Worte von Ome ins Lächerliche zu ziehen, weil er versucht, dem Alten die Stellung als Sprecher streitig zu machen. Doch Ome läßt sich nicht unterbrechen.
»Ich war als Junge dabei, wie meine Leute ein ausgewachsenes Nashorn in der Fallgrube fingen«, fährt er fort. »Mein Vater, der später Groß-Lippe hieß, weil er das Breitmaul erlegte, hat uns alles genau beschrieben. Er kannte die Plätze, an denen es schläft, und er wußte, wie es seine Jungen aufzieht und wo es wandert und weidet, und ich will es euch weitersagen.«
»Auch was mit dem Kurzhorn ist?« ruft Papik von neuem dazwischen, schlägt sich auf die Schenkel und grinst in die Runde. Diesmal will das Gelächter nicht enden.
Ome hebt beide Hände und wartet, bis es ruhig wird. Von draußen klingt das Keckern der Füchse. Ich spüre ein Ziehen im Bauch, wie wenn einer träumt, daß er fällt, genauso ist es, ein scheußlich ziehendes Fallgefühl in der Magengrube. Die Stimmen um mich klingen plötzlich verändert, ich höre Sätze, Worte, die sich mit nichts in meinem Kopf verbinden. Papik brüllt vor Lachen, Ome kriegt eine böse Stimme, andere Leute mischen sich ein, gehässige Worte fallen. Aber das alles ist für mich endlos weit weg, es hat nichts mehr mit mir zu tun. Ich sehe auf einmal die Bisonfrau, sie wächst mir entgegen, füllt die ganze Hütte aus. Der riesige Leib erdrückt mich. Ich stemme mich gegen sein fürchterliches Gewicht und stecke plötz-

lich selbst in dem Bisonleib, sehe mit seinen trübsichtigen Augen und renne gegen die Enge an, die mich bedrängt, stampfe mit den Hufen, höre mich brüllen und stoße mit gesenktem Kopf zu. Glühende Herdkohle spritzt durch den Raum, eine Wand flammt auf, Feuer schlägt mir ins Gesicht. Ich merke es nicht, bis jemand mich umreißt, fortschleppt und eine Decke über mich wirft.
Ich kämpfe mich frei. Das Ziehen im Bauch ist vorbei. Benommen setze ich mich auf, schmecke Blut im Mund, die Zunge ist geschwollen, meine Lederjacke trägt eine breite Brandspur. Ich weiß nicht, was inzwischen geschah, was über die Leute gekommen ist. Alles schreit aufeinander los, Frauen, Kinder, Männer, junge Mädchen kreischen und prügeln sich. Omes Fellhütte brennt lichterloh. Die Flammen saugen und fauchen, die Hütte hebt langsam vom Boden ab, schwankt in der Luft und fällt mit einem Funkenregen in sich zusammen. Die Leute lassen die Fäuste sinken und stehen wie erstarrt. Ich höre, wie Kipi, Omes Frau, aufweint und jämmerlich schluchzt: »Unsere schönen Decken, meine Bärenkrallenschnur, die vielen Sehnenfäden, meine Nadeln, die vollen Körnerbehälter, o nein, o nein!« Dann entdeckt sie mich am Boden, beugt sich vornüber und schreit mich an: »Du, das haben wir dir zu verdanken, du! Dreck in dein Gesicht!«
Ich starre sie an, und dann begreife ich und bedecke meine Augen. Ich bin schuld, daß Kipis Hütte brennt, daß Ome den Schlafplatz, die Speere und sein ganzes Jagdgerät verloren hat. Immap, Erk, Lao, alle unsere Leute um-

stehen mich. Ich schäme mich, möchte fort, aber ihre Blicke halten mich fest, ich vermag mich nicht zu rühren, meine Muskeln gehorchen nicht.
»Der Fuchs ist in sie gefahren, sie hat die Kopfkrankheit«, ruft jemand.
Ich wimmere und drücke meinen Kopf in die Asche. Mir ist nicht zu helfen. Ich fürchte mich vor den Menschen, vor mir selbst, ich habe Angst vor meinem eigenen Körper.
Während der folgenden Tage bewege ich mich wie eine Fremde zwischen den Leuten. Ich sehe, wie sie sich zusammentun, Kipi und Ome helfen. Jemand bringt Haut für ein neues Dach, ein anderer trägt ein paar Hüttenstreben herbei, vom dritten kommt ein Wassersack. Im Handumdrehen, nur eine Schlafenszeit nach dem Brand, ist eine neue Hütte entstanden. Ich helfe wortlos mit, wo ich kann, trage, schleppe, haue Löcher für die Hüttenpfosten in den gefrorenen Boden. Man läßt mich gewähren, doch die Leute bleiben auf Abstand zu mir.
Aber das Feuer hat unser Zusammenleben in der Siedlung insgesamt verändert. Ome und Papik gehen sich aus dem Weg, am Zaun redet man hinter vorgehaltener Hand über Kipis Vorräte, die Körnersäcke, die sie vor ihren Nachbarn versteckt gehalten hatte. »Wenn sie etwas zu essen hat, ißt sie es selbst und teilt nicht wie wir«, heißt es. Ich merke, wie man beginnt, sich gegenseitig zu belauern. Anschuldigungen werden laut: »Jemand hat sich an meiner Fleischgrube zu schaffen gemacht!« Milak berichtet von Spuren fremder Schritte, die er bei seinen Fallen

entdeckt haben will. Ein anderes Mal gibt es giftiges Gezänk wegen einer verschwundenen Haarbürste, die nach einer Weile in der Abfallgrube wieder zum Vorschein kommt. Die Menschen beargwöhnen einander, und als es neu schneit, sieht man nur vereinzelte Spuren, die im Schnee von einer Hütte zur anderen führen.

Doch Iwi duldet, daß ich mich zu ihr ans Herdfeuer setze. Bei ihr kann ich weinen, mich aussprechen, Iwi kann ich sagen, wie ich mich vor meinem Körper fürchte, der sich von mir selbständig macht und Sachen anrichtet, die mich hinterher entsetzen. Ich zeige ihr meine versengten Wimpern und Haare. Die alte Frau murmelt mir begütigend zu, streichelt meine Backe und hört mich an. Ich erzähle ihr auch von dem Mißtrauen, das sich überall breitmacht, berichte von den Kindern, die nicht mit den Mädchen und Jungen von nebenan spielen wollen, und daß die Erwachsenen nicht mehr wie früher ihre Schlafplätze tauschen.

»Ich weiß«, sagt Iwi. »Und denkst du, ich werde, wenn wir ins Sommerlager marschieren, noch einen Rücken für mich finden?«

»Meinen Rücken kannst du immer haben«, verspreche ich. »Wenn es sein muß, trage ich dich den ganzen Sommer lang.«

»Da sei nicht so sicher«, erwidert Iwi. »Vielleicht haben sie dich bis dahin in die Tundra gejagt.«

Ich zucke zusammen, denn ich weiß, daß es das gibt. Neugeborene werden ausgesetzt, wenn die Mutter noch ein Kleinkind in der Kapuze hat. Mord und Totschlag wird mit Verbannung gesühnt, Unruhestifter werden in die Tundra geschickt. Alles das trifft auf mich nicht zu, trotzdem fürchte ich mich.

In dieser Nacht schlafe ich bei Iwi. Ich bin einfach an ihrem Herdplatz eingenickt, und die alte Frau hat mich nicht aufgeweckt. Am Morgen finde ich ein paar Decken über mich gebreitet und fühle mich wohlig ausgeschlafen. Später sitze ich in unserer Hütte und koche Brusttee auf, den Iwi mir für Buni mitgegeben hat. In der letzten Zeit ist Bunis Husten ärger geworden. Sie zieht viel Schleim und klagt, daß ihr jeder Atemzug weh tut. Heute morgen fiebert sie, liegt unter ihren Decken, schüttelt sich, der Atem pfeift und ihr Gesicht glüht. Iwis Beerentee wird ihr guttun. Aka hat Kob auf dem Schoß und hilft ihm, durchlochte Fuchszähne auf eine Schnur zu ziehen. Ich denke an das Kleine, das vielleicht schon in Bunis Bauch wächst. Diesmal ist sie jedenfalls nicht mit dem Mond gegangen. Ob das Kindchen spürt, wenn Buni der Husten schüttelt? Kriechen die Krankheitsgeister auch bis zu ihm in Bunis Leib? Ich setze mich zu ihr in die Decken, stütze ihr den Rücken und helfe beim Trinken, summe tröstende Lieder, schicke Aka den Wassersack füllen, mache Wadenwickel und flöße Buni noch mal heißen Tee ein. Ob er wirklich nützt? Bis jetzt merke ich keine Besserung. Buni krümmt sich vor Husten und wimmert nach jedem Anfall so kläglich, daß es mir durch und durch geht.

»Muß Buni sterben?« fragt Kob mit großen Augen. Ich ziehe den Jungen an mich, aber antworten kann ich nicht, denn der Hals ist mir zugeschnürt.

Draußen höre ich Milak. Er streift das Eis von den Schuhen und schüttelt Schnee von seiner Jacke. Er hat Glück gehabt, zwei fette Hamster sind ihm in die Hände gelaufen.
»Sieh dir das an, wieviel Speck die auf dem Bauch haben«, zeigt er.
Aka häutet die Tierchen, zerlegt sie und schürt das Feuer hoch. Die heißen Steine zischen in der Kochgrube, und es duftet nach Fett und zartem Fleisch. Zusammen setzen wir Buni auf und füttern sie.
»Du mußt essen, Ma, sonst wirst du nicht gesund!« redet Aka ihrer Mutter zu und versucht, ihr noch etwas Brühe einzuflößen. Buni schüttelt abwehrend den Kopf, ihr Nacken ist naß von Schweiß.
Milak kniet neben ihr und bittet: »Sieh mich an, Frau!« Sie hebt ihre verschwollenen Lider und weint laut auf. Ich lege sie sacht zurück. Was sollen wir tun? Ich blicke Milak fragend an, doch der hebt ratlos die Schultern.
Unterdessen ist Kob zu ihr gerutscht und läßt die halb aufgefädelte Fuchszahnschnur vor Bunis Gesicht baumeln.
»Wenn du nicht mehr hustest, schenke ich sie dir«, verspricht er. »Ich mache sie auch schnell fertig.«
Buni lächelt zum ersten Mal, blinzelt und sagt: »Du bist schon so groß, Junge. Du kannst sicher bald Steine umwälzen.«
Kob strahlt, hüpft vom Lager, stellt sich breitbeinig hin und verkündet: »*So* dicke Brocken schaffe ich schon! Und wenn wir einen Bären auftreiben, schmeiße ich ihm einen großen Stein an den Kopf.«

Aka und ich müssen lachen. Aber Milak sagt ernsthaft: »Sohn, deine Beine sind stark geworden. Wenn wir ins Sommerlager marschieren, darfst du mit mir und Qila jagen.«
Buni rollt sich auf die Seite und schluchzt. Ihre Schultern zucken. Vielleicht fragt sie sich, ob sie den Sommer noch sieht.
Die Mittagssonne kommt und geht. Buni liegt erschöpft im Halbschlaf. Manchmal zucken ihre Lippen, und die Augenlider flattern. Milak kniet an der Feuerstelle und zieht die Sehnenbindung seiner Speerspitzen nach. Kob ist mit Aka nach draußen gegangen. Ich habe ihm versprochen, die restlichen Fuchszähne zu durchbohren, damit seine Kette fertig wird. Von draußen dringt kein Laut herein, und es ist sehr still zwischen den Wänden. Nur der spitze Steindorn knirscht in dem Schmelz, und Milak räuspert sich gelegentlich. Buni scheint zu schlafen.
Doch mit einemmal richtet sie sich halb auf und jammert: »Ist denn keiner da, der mir hilft?«
Milak und ich stürzen zu ihr. Er trocknet ihre Stirn, und ich fasse nach ihrer Hand und beruhige sie: »Buni, du bist doch in unserer Hütte! Milak und ich sind bei dir.«
Aber sie dreht den Kopf zur Seite. »Die anderen Frauen sollen kommen«, verlangt sie. »Ich will nicht so alleine liegen und sterben.«
Milak verzieht bekümmert sein Gesicht. »Tu, was sie sagt«, flüstert er rauh. »Hol Alki oder Soak, sag ihnen, Buni geht es schlecht.«
Ohne erst die Fellschuhe zu schnüren, bin ich draußen.

Freilich hatten sie alle von Bunis Schüttelhusten gehört. Und natürlich wären sie zu ihr ins Haus gekommen, um Buni aufzumuntern, ihr beizustehen, um die Krankheitsgeister zu vertreiben; ja, sie wären alle zugegen gewesen, wenn sie sich nur getraut hätten. Wenn nicht so viele kränkende Worte gewechselt worden wären, wenn nicht Argwohn und Zwietracht den Weg von einer Hütte zur anderen verstellt hätten. Aber jetzt sind sie da. Sie sind gekommen, als ich sie rief. Nicht bloß Soak und Alki von nebenan, sondern auch Sik, Immap, Kipi und Mikel aus den anderen Hütten sind zur Stelle, um Hand anzulegen und Hilfe zu leisten. Selbst ihre Kinder und Männer finden sich nach und nach ein. Kob rauft sich mit Orso, Aka hält die Zählstöcke fürs Handratespiel, und die Jäger sitzen beim Eingang und tauschen ihre jüngsten Erfahrungen aus.

Die Frauen halten lange Rat, befragen Buni, verteilen Fischöl auf Rücken, Brust und Nacken der Kranken, bringen die Herdsteine zum Glühen, schütten Wasser darüber, daß die Luft in der Hütte vor heißem Dampf brodelt. Es lärmt, tönt und rumort bis zum Abend, bis tief in die Nacht. Erst als die Hälfte der Nachtzeit verbraucht ist, wird es leiser zwischen den Wänden. Ich setze mich zu Buni und sehe, daß sie tief und entspannt schläft. Ihr Atem geht leicht, und ihr Kopf ist kühl. Beruhigt wickele ich mich in meine Felle, gähne und schlafe erleichtert ein.

Gegen Morgen schüttelt mich Aka aus dem Schlaf und flüstert: »Wach auf, Qila, mit Ma stimmt was nicht!«

Ich bin mit einem Satz draußen, gleich hellwach, laufe

um die Feuerstelle und bücke mich zu der Kranken. Buni liegt wie vom Leben abgeschnitten, Milak laufen die Tränen übers Gesicht. Ich schlage die Zudecken zurück, öffne ihre Jacke und presse mein Ohr an ihr Herz. Doch, da ist ein Lebenszeichen. Ein schwaches Fiepen, und dann höre ich auch weit weg den Herzschlag.
»Es ist noch Leben in ihr«, sage ich halblaut. »Was sollen wir tun?« Aka antwortet nicht, und Milak sitzt versteinert daneben. »Ich hole Iwi«, sage ich. »Vielleicht weiß sie, was hilft.«
Ich finde die alte Frau noch unter den Decken, aber sie blickt mich fragend an, und ich halte mich nicht mit Vorreden auf.
»Komm zu Buni«, bitte ich sie. »Es ist kaum mehr Herzschlag in ihr!«
»Ich kann nichts für sie tun«, erklärt Iwi und zieht die Decke bis an die Augen.
»Iwi, aber du mußt«, bettele ich sie an. »Komm heraus, ich trage dich.«
»Rühr mich nicht an!« warnt sie. Ihre Stimme ist auf einmal laut wie nie.
Ich lasse meine Arme sinken. »Warum willst du nicht helfen?« frage ich verzweifelt.
»Weil ich nicht kann«, erwidert sie.
»Du hast Buni nicht mal gesehen, aber du weißt, daß du nicht helfen kannst?«
»Du kannst mit Worten nicht alles erklären«, verteidigt sie sich. »Nun laß mich und geh!«
Es hat keinen Zweck, ich kann sie nicht zwingen. Ich bin

wie betäubt, so enttäuscht fühle ich mich. Meine Hände fliegen. Ich fetze fast den Vorhang vom Ausgang und bin noch immer zittrig, als ich schon in unserem Haus bin. Doch ich sehe, mir ist alles abgenommen, ich werde nicht mehr gebraucht. Das Feuer brennt lichterloh, die Herdsteine glühen, Alki und Sik haben Buni entkleidet, reiben sie und kneten ihre Glieder, um das Blut in Gang zu bringen. Ich gehe an meinen Schlafplatz und werfe mich auf die Decken. Es ist auf einmal alles zuviel für mich, und Buni ist in guten Händen. Meine sind nicht nötig.

Der Heiler und sein Helfer

Wie lange ich in meinem Schlafloch liege, weiß ich nicht. Die Zeit geht an mir vorbei, ohne daß ich es merke. Erst als mich meine Blase drückt, raffe ich mich auf, schnüre halb benommen die Schuhe und tappe auf Zehenspitzen zu Buni hinüber.
Sik lächelt mir zu und deutet mit dem Kopf auf die Schlafende. »Sie hat eine ganze Schüssel Brühe getrunken«, flüstert sie. »Es geht ihr besser.«
Ich nicke nur und begebe mich nach draußen.
Meine Beine sind wackelig, ich stolpere über meine Füße und muß mich zu jedem Schritt zwingen. Es kommt mir endlos vor, bis ich endlich beim Zaun auf dem Boden hocke.
Lao bemerke ich erst, als sie mich anstößt.
»He, wach auf, Qila«, ruft sie. »Gleich kippst du ins Loch!«
Sie hilft mir hoch, und ich bleibe schwankend stehen.
»Du hast in den letzten Tagen nicht genug Schlaf gekriegt«, meint sie teilnehmend. »Wenn du magst, kannst du heute abend zu mir in die Decken kriechen.«
Ich möchte gern. Aber Lao ist nicht Iwi. Sie wird mich fragen, warum ich in der letzten Zeit so anders bin, was mit mir los ist, und ich mag mit niemand über mich reden. Während ich noch an einer Antwort herumdruckse, packt Lao unvermittelt meinen Arm. »Guck mal, was dahinten im Tal kommt!« schreit sie und läßt mich los.

Erst erkenne ich nur die hellen Schatten über dem Schnee. Dann reiße ich die Augen auf. »Winterwölfe sind das«, rufe ich. »Weiße Winterwölfe!« Aber das kann nicht sein, denn ein Mensch läuft neben den Tieren. Und hinter ihnen schleift etwas durch den Schnee. Ich höre Lao gellend auf den Fingern pfeifen, unsere Leute alarmieren. Die weißen Schatten tauchen inzwischen in den Bergschatten, und als der Zug wieder zum Vorschein kommt, kann ich Einzelheiten unterscheiden. Tatsächlich, meine Augen täuschen mich nicht. Es sind Wölfe. Paarweise hintereinander traben sie mit ihrem zweibeinigen Begleiter auf unsere Siedlung zu und ziehen dabei eine Last hinter sich her, auf der zuoberst noch ein zweiter Mann sitzt.

Binnen kurzem haben sich mehrere Frauen, Männer und Kinder bei der Grube eingefunden, reden durcheinander und deuten aufgeregt über den Zaun. Da treibt ein Mensch, bloß mit einem Stock bewehrt, ein Rudel Wölfe vor sich her! Das hat man noch nicht gesehen. Wie auf Absprache stürzen die Leute zu ihren Hütten, bewaffnen sich, hasten zurück und nehmen hinter dem Zaun Aufstellung. Kein Wort fällt. Wir stehen regungslos nebeneinander und sehen zu, was da auf uns zukommt.

Jetzt reißen die Wölfe an den Riemen. Ihr hohes Heulen geht mir durch und durch. Ich sehe Papik unruhig mit den Füßen scharren und den Speer fester fassen. Der Treiber bringt die Tiere in Wurfholzentfernung mit einem Ruck zum Halt. Der zweite Mann klettert von seinem Bündel, streckt sich und schlägt die Kapuze zurück. Ein dicker Schopf brandrotes Kopfhaar und ebenso rotes Kinnhaar kommt zum Vorschein, umgibt das weiße Gesicht wie mit einem Feuerkranz. Ein Kind schreit auf, und Lao kichert fassungslos. Unwillkürlich kreuze ich wie sie zwei Finger gegen den bösen Blick. Denn der Anblick des weißen, rothaarigen Menschen wirkt auf mich so bedrohlich, daß es mich überläuft.

Unterdessen stapft sein Gefährte unbekümmert auf uns zu und hebt seine Hand zum Gruß. Wir weichen zurück und lassen Ome vortreten.

Der Alte lehnt seinen Speer gegen den Zaun und grüßt zurück: »Möge deiner Lampe das Öl nie fehlen!«

»Und nicht der deinen«, erwidert der Fremde. »Wir möchten unser Zelt hier aufschlagen. Für ein paar Tage, ehe wir weiterziehen. Duldet ihr uns an eurem Zaun?«

Ome schaut sich fragend um. Keiner scheint Einwände vorbringen zu wollen, und so antwortet Ome: »Ihr seid willkommen. Stellt euer Zelt zu unseren Hütten. Ich bin Ome, der Älteste dieser Leute.«

»Und ich heiße Nunah. Der Mann drüben beim Gepäck ist Mir«, erwidert der Fremde höflich. »Danke für eure Gastlichkeit. Wir sind überrascht, in dieser Gegend auf Menschen zu treffen, und setzen uns gern an euren Herd. Doch unser Zelt lassen wir besser vor eurem Zaun. Unsere Wolfshunde sollen euch nicht belästigen. Mit den Tieren ist nicht zu spaßen.«

Nunahs Haut ist dunkel, und auch sonst entdecke ich an seinem Aussehen nichts, was ihn von uns unterschiede. Sein Gesicht ist breit und kurz, nur wenig behaart, und unter dem Wolfsfellbesatz seiner Kapuze schaut schwar-

zes krauses Kopfhaar hervor. Das einzig Auffällige ist seine mit Stickereien und länglichen Elfenbeinperlen verzierte Kleidung, zu der er mehrere sorgfältig gereihte Halsketten aus Fuchszähnen und bunten Schneckenhausgewinden trägt. Was ist das für ein Mann, wundere ich mich, der geschmückt und geziert wie zu einem Fest mit seinen Wölfen die Eiswüste durchwandert, als fürchte er sich vor niemand und nichts in der Welt?
»Wir lassen uns später noch mal sehen«, sagt Nunah. »Die Sonne steht schon tief, es wird Zeit, daß wir unser Zelt aufstellen.«
Er geht zu seinem Gefährten hinüber, blickt sich zwischendurch nach uns um und macht sich dann an der Ziehlast hinter den Wolfstieren zu schaffen. Wir stehen immer noch festgebannt hinter unserem Zaun. Die beiden sind nah genug, daß wir jeden ihrer Handgriffe verfolgen können. Nunah holt einen Haustein aus dem Gepäck, treibt einen Knochenpflock in den gefrorenen Boden und bindet die Riemen der Wölfe daran fest, die sich das ohne Sträuben gefallen lassen. Ja, eins der Tiere fährt dem gebückten Mann mit der Zunge durchs Gesicht. Der lacht, ruft dem Wolf etwas zu, krault ihn zwischen den Ohren, schleift dann einen Behälter herbei und wirft händeweise Trockenfische unter die Meute. Wir blicken uns schweigend an. Wer hätte das je gehört, daß Menschen ihre Nahrung mit Wölfen teilen!
Unterdessen hat der rothaarige Mir die Zeltleder ausgerollt, Streben und Stangen zusammengesteckt, und binnen kurzem steht das winzige Lederhaus fertig da.

Unsere Leute legen einer nach dem anderen ihre Waffen aus der Hand. Sie bilden kleine Gruppen, unterhalten sich halblaut, zeigen auf die fremden Besucher, und einige Kinder klettern sogar auf die Zaunsteine, um besser sehen zu können.
Mir und Nunah unterbrechen ihre Arbeit, besprechen sich und kommen zu uns herüber.
»Tretet unter unser Dach!« fordert Ome die Fremden auf und reicht Nunah die Hand über den Zaun.
Dann stehen sie beide in unserer Mitte. Mir spricht uns an, deutet auf Nunah, zeigt auf sich und uns, streift seine Fäustlinge ab und streckt uns die bloßen Hände entgegen. Keiner von uns hat ein Wort verstanden.
Nunah vermittelt und erklärt: »Das ist nur am Anfang so. Ihr werdet schnell lernen, ihn zu verstehen. Mir spricht die Sprache der Menschen anders als ihr und ich. Also, das sind seine Worte: ›Laßt uns jeder die Hände zum Guten gebrauchen!‹ sagt er. Das ist sein Gruß. Und er meint es auch so. Ihr müßt euch also nicht vor seinem Aussehen fürchten.«
Ich fange für einen Wimpernschlag einen Blick des weißen Mannes auf. Seine graugrünen, weit auseinanderliegenden Augen begegnen mir ohne Hast. Ich kann nicht sagen, was es ist, aber etwas an seinem Blick wirkt seltsam vertraut und nimmt mir die Scheu vor den Nachtvogelaugen in seinem bleichen Gesicht. Der ruhige Blick paßt eigentlich nicht zu dem abstoßenden, furchteinflößenden Äußeren des Mannes.
»Ist dein Freund krank?« erkundigt sich Ome bei Nunah.

»Seine Hände und die Gesichtshaut sehen aus, als habe der Frost sie weiß gefressen.«
Mir lacht, spricht mit uns und versucht offenbar etwas in seiner Sprache zu erklären. Bei jedem Wort klickt und schnalzt die Zunge in seinem Mund, und ich kann mir kaum vorstellen, daß das überhaupt eine richtige Sprache ist. Aber Nunah versteht und übersetzt: »Mir sagt, seine Haut ist wie der Wintermond. Das ist so, weil er zum Volk der Mondleute gehört, die im äußersten nördlichen Gletscherland wohnen.«
Wir schütteln die Köpfe. Denn wir kennen das südliche Gletscherland, wissen über seine Tiere, Pflanzen und Gewässer Bescheid, doch Mondleute wie Mir sind uns dort auf unseren Streifzügen noch keine begegnet. Von einem Gletscherland im Norden höre ich jetzt zum ersten Mal. Es muß ein sonderbares Land sein, wenn es so rothaarige, weißhäutige Menschen mit diesen gewaltigen Augenbrauen hervorbringt, Menschen, die dem Mond verwandt sind und mit Wölfen zusammenleben.
»Kommen eure Leute hinter euch her?« erkundigt sich Ome.
»Nein«, antwortet Nunah. »Da ist keiner außer uns.«
»Hört euch das an, Leute«, ruft Ome. »Die beiden Männer marschieren mutterseelenallein durchs Wintereis!«
Nunah lächelt belustigt. »Du mußt wissen, Mir ist ein Angakoq«, erklärt er. »Wenn ihr wißt, was das Wort heißt. Ein Angakoq ist jemand, der mächtige Verbündete besitzt. Solche, vor denen sich gewöhnliche Menschen fürchten. Die Horcher unter der Erde hören auf ihn, die

Nachtschattenleute leihen ihm ihre Augen. Der Angakoq ist ein Mann, der es versteht, Wege zu öffnen und den verborgenen Dingen auf den Grund zu gehen.«
»Und du bist auch einer, der Nachtaugen hat?« fragt Ome.
»Nicht wie Mir«, antwortet Nunah mit einem Seitenblick auf den Angakoq. »Aber ich bin sein Gehilfe. Ich schlage die Trommel, wenn der Angakoq die Lebensseele eines Menschen zurück in seinen Körper ruft. Denn Mir ist ein Heiler, der den Schmerz besänftigt und die Krankheitsgeister vertreibt.«
»Dann kann der Mondmann meine Ma heilmachen«, ruft Aka aufgeregt.
Ome bedeutet ihr, ruhig zu sein. »Kinder haben zu schweigen, wenn Erwachsene reden«, erklärt er ärgerlich.
»Aber sie hat doch recht«, mischt Kipi, Omes junge Frau, sich ein. »Buni ist krank. Sie hat den Schüttelhusten. Du bist in ihrem Haus gewesen und hast gehört, wie sie die Anfälle plagen. Vielleicht kann der Heiler helfen. Trotzdem verbietest du Aka zu reden.«
Ome stößt mit der Ferse auf. »Halte du dich heraus, Frau«, schnaubt er böse. »Ich bin der Sprecher und keiner sonst!«
Jetzt mischt sich Milak ein, und Aka heult los, und dann zankt und schimpft alles durcheinander. Ich möchte wissen, wie wir für die beiden Fremden aussehen. Die ganzen bösen Gefühle kochen wieder hoch, und ich dachte, unsere Leute hätten sich ausgesöhnt. Jedenfalls mag ich

nicht länger hier herumstehen. Ich dränge mich zwischen den scheltenden und giftenden Leuten hindurch, renne ins Haus und werfe mich auf meinen Schlafplatz.
»Qila, bist du da?« ruft Buni von der anderen Seite. »Warum sind alle weggelaufen?«
Ich atme tief durch, krabbele aus meinem Loch und gehe zu ihr. Buni sieht elend aus, die letzten Tage haben ihr arg zugesetzt. Aber ihre Augen sind klar, und sie begreift, was um sie geschieht.
»Es sind Fremde gekommen«, berichte ich. »Einer hat Feuerhaare und ein Mondgesicht. Ihr Zelt steht an unserem Zaun. Milak wird es dir erzählen. Ich lege mich jetzt hin.«
»Tu das«, sagt Buni. »Seit ich so huste, bin ich auch immerzu müde.«
Ich erfahre nicht, wie der Streit am Zaun beigelegt wurde. Aber der Angakoq ist zu Buni gekommen. Ich muß mich ganz dünn machen, um wenigstens an der Wand noch Platz zu haben. Unsere Hütte ist zum Platzen voll, und die Leute zwischen mir und dem Herdfeuer versperren die Sicht auf Bunis Krankenlager. Ich sehe auch nichts von dem Angakoq. Nur seinen Schatten, der sich unter dem Dach bewegt. Und ich höre Mirs Stimme, seine Zungenschnalzworte, die Nunah in unsere Sprache übersetzt.
»Er untersucht die Kranke«, berichtet er mit singender Stimme. »Was wird er finden? Es ist der Husten. Warum hustet die Frau? Was sind das für Krankheitsgeister, die in sie gefahren sind?«

Gespanntes Schweigen liegt über den Leuten. Ich vernehme die Schritte des Angakoq, er geht auf und ab, hin und her. Sein Schatten bewegt sich über mir. Die Arme schwingen vorwärts, die Arme schwingen rückwärts. Nunahs Trommel pocht. Ich höre schweres Atmen, Mirs Worte.

»Er ruft die Horcher unter der Erde, sie sollen sich umhören, was mit dieser Frau ist«, singt Nunah. »Er ruft die Nachtschattenleute, die ins Verborgene sehen. Er ruft seine Verbündeten, sein Wächtertier, das ihm den Weg öffnet.«

»Dong-dong«, pocht die Trommel. Füße stampfen, Tierstimmen jagen zwischen den Wänden. Es faucht, es ächzt und stöhnt. »Schuuschuu«, klagt die Eule, der Angakoq ruft dazwischen, ein Bär grollt, seine Krallen scharren, schwere Schritte schlurfen am Feuerplatz.

Unvermittelt setzt die Trommel aus. Der Schatten an der Decke verschwindet.

»Oh, oh«, rufen die Leute. »Seht nur, er ist gestürzt, er liegt auf dem Boden. Oh, seht den Schmerz in seinem Gesicht. Was ist passiert? Warum hilft ihm der Trommler nicht auf?«

Die Trommel antwortet. »Dong-dong-dong«, antwortet sie, pocht wie das Herz eines Menschen im Schlaf.

Da kommt Mirs Stimme wieder, hoch, sehr hoch klingt sie jetzt und schneidet in den Ohren.

Die Stimme singt: »Da ist etwas Weißes. Schnee, Schnee überall. Aber keine Fährte der Vierbeiner, die ihr Fleisch den Menschen bringen. Schlechte Dinge versperren ih-

nen den Weg. Wer hat sie gekränkt? Wer gibt den Keimling des trächtigen Tieres nicht der Erdmutter zurück?«
Die Leute in der Hütte schreien auf, und ich schreie mit.
»Ich suche, was diese Frau krank macht«, singt die Stimme weiter. »Ich spüre, es ist hier in der Nähe, draußen am Zaun.«
»Laß hören, laß hören. Was ist es?« rufen wir.
»Es ist etwas Winziges. Etwas zappelt im Eis, es hat den Mund voll Schnee. Jetzt erkenne ich, was es ist. Ein Neugeborenes liegt im Schnee, noch voll Mutterblut. Niemand hat seine Seele beruhigt. Sein Herz liegt am Boden. Eine Frau wird krank davon. Die Seele ihres Kindes sucht sie heim.«
»Oh, oh«, weint Buni auf.
Wir rufen: »Öffne ihm den Weg. Laß es heim zur Mutterfrau finden.«
»Da ist noch mehr«, singt die Stimme. »Doch ich komme nicht weiter. Da ist kein Durchgang. Wo ist der Weg?«
»Laß hören, laß hören«, ruft es in der Runde.
»Es ist dunkel, wohin ich trete. Es zieht, es zerrt an den Füßen, klebt an den Beinen. Was kann das sein? Warum sehe ich es nicht? Sind es verborgene Dinge? Falsche Hände, falsches Teilen, falsche Worte?«
»Ja, das ist es, das ist es!« bestätigen wir.
Ich kann kaum mehr an mich halten. Mir ist, als ob sich mir ein dicker Schwarm Fliegen aufs Gesicht setzt. Es kribbelt mich, daß meine Glieder fliegen.
»Da ist noch mehr, was diese Frau krank macht«, singt die Stimme nach einer Weile weiter. »Ich taste danach

und finde es nicht, ich schaue danach und sehe es nicht.«
»Oh, oh«, weine ich.
»Da ist jemand, der mir die Hände festhält. Wer hindert mich, diese Frau gesund zu machen? Wer verschweigt seinen Namen?«
»Ich bin's«, brüllt es aus meinem Mund. »Ich bin's«, brüllt es noch mal aus mir.
Ein anderer Schrei antwortet mir. Er kommt vom Herdplatz, der Angakoq ruft. Es bricht mir den Kopf auf, ich zerfließe, meine Gelenke lösen sich. Ich schwebe unter dem Hüttendach, sehe mich zwischen den Leuten liegen, ein Mädchen, das um sich schlägt, aufheult, dessen Mund schäumt, ein Mädchen, das aufgehört hat, ich zu sein.

Ich habe keine Erinnerung, was seit dem Auftritt des rothaarigen Fremden in unserer Hütte geschah. Meine Ohren sausen, das Blut dringt mir mit einem Schwall zum Herzen. Ich falle in meinen Körper zurück, nehme im gleichen Augenblick eine unglaubliche Fülle von Eindrücken und Geräuschen wahr. Ein Herdfeuer, Wassersieden, das Innere des kleinen Lederzelts vor unserem Zaun, den Angakoq, ich höre die Trommel zwischen seinen Knien, die knurrenden Wolfsstimmen bei der Zeltwand. Die Nachtvogelaugen, die mich am Zaun gestreift hatten, sind jetzt auf mich gerichtet. Meine Angst ist verflogen. Ich bin wieder ich selbst. Ich liege zwischen Felldecken und merke, daß ich schrecklich müde bin, drehe mich zur Seite und bin sofort eingeschlafen.
Beim Aufwachen fühle ich mich unaussprechlich wohl.

Ich muß die ganze Nacht durchgeschlafen haben, denn die Morgensonne fällt schon durch die Ritzen vom Zeltvorhang. Der Angakoq sitzt immer noch mit seiner Trommel am Herdplatz.
»Was machst du da?« frage ich.
»Ich trommele deine Seele fest«, antwortet er.
»Du trommelst meine Seele fest?« sage ich und setze mich auf.
»Ja, ich trommele deine Seele fest«, wiederholt er.
Es sind wie zwei Stimmen, die ich höre, wenn der Fremde spricht. Die eine kommt von innen, die andere von draußen, die erste höre ich aus seinem Mund, die zweite vernehme ich direkt im Kopf.
»Wieso trommelst du meine Seele fest?« frage ich.
»Damit sie nicht so leicht davonfliegt. So wie gestern abend«, erklärt er.
»Das ist gut«, sage ich. »Es kommt einfach über mich und macht mir Angst. Es ist nicht richtig, wenn einem die Seele fortfliegt. Und es tut weh.«
»Ja, es tut scheußlich weh«, bestätigt der Angakoq und trommelt weiter.
Eigentlich kann man das kein Trommeln nennen, denn es sind gerade nur seine äußersten Fingerspitzen, die das Auge der Trommel berühren. Trotzdem spricht sie durchdringend und fest.
»Erzähle mir, was du siehst, wenn dich deine Seele verläßt«, fordert er mich auf.
»Verschiedenes«, erkläre ich zögernd. »Manchmal erinnere ich mich auch an gar nichts. So wie jetzt.«

»Erzähle, woran du dich erinnerst«, sagt er.
»Die Bisonfrau sehe ich, aber sie kommt auch im Traum zu mir. Oder Schneehühner fliegen auf. Eine Fellhütte steht in der Tundra. Ich höre Stimmen und sehe mich davonrennen. Aber ich kann mir nicht alles merken, es geht auch oft so schnell vorbei.«
»Du mußt sehen lernen, was du siehst«, sagt der Angakoq. »Wenn du nicht weißt, was du siehst, verirrt sich deine Seele. Irgendwann findet sie vielleicht nicht zurück, und davor hast du Angst.« Mir unterbricht sich. Die Nachtvogelaugen blicken an mir vorbei, als sähen sie etwas neben mir. Dann wirft er mir ein Lächeln zu. »Verstehst du mich? Kommst du zurecht, wenn ich rede?«
»Ja, doch«, bestätige ich. »Gestern klang deine Sprache fremd, heute ist es anders. Ich verstehe alles.«
»Das ist gut, heute verstehst du alles«, wiederholt er.
»Warum sprichst du unsere Worte anders als wir?« erkundige ich mich.
»Mein Mund ist für die Sprache der Mondleute gemacht, nicht für eure«, erklärt er geduldig. »Aber deinen Namen kann ich aussprechen. Qila, so heißt du. Klingt das richtig?«
»Ja, ganz richtig!« nicke ich zustimmend und freue mich, daß er meinen Namen ausspricht, ohne zu schnalzen. »Und Iwi, Yaw oder Immap?« frage ich.
Mir schaut mich belustigt an. »Willst du die Namen von allen deinen Leuten an mir ausprobieren? Ich kann es dir auch erklären: Wo ein harter oder tiefer Laut in euren Worten ist, setzen wir einen Zungenlaut ein.«

»Und wenn du Nunah, den Trommelmann rufst, wie geht das? Laß mich versuchen. Vielleicht N:nah?«
»Ja, so ungefähr«, lacht Mir.
»Warum trommelst du eigentlich die ganze Zeit beim Reden?« frage ich ihn.
»Meinst du, deine Seele sitzt schon fest?« fragt er zurück.
»Doch, ich glaube wohl«, antworte ich. »Mir geht es gut.«
»Und du hast keine Angst, daß sie dir noch mal wegkommt?« erkundigt er sich.
Ich ziehe meine Schultern hoch.
»Dann ist es vielleicht besser, ich mache weiter«, meint der Angakoq. »Übrigens brauchst du gar nicht hinzuhören. Stell dir vor, es ist Wind oder Wasser oder auch dein Herz. Die Trommel findet von selbst den Weg. Erzähle mir von dir, Qila.«
»Was willst du denn hören?« frage ich. »Von mir gibt es nichts Besonderes zu berichten.«
»Fang irgendwo an«, schlägt er vor.
Ich suche und suche und denke an die Hose, die ich mir zuschneiden will. Aber was soll ich davon erzählen? Und dann fällt mir der Fluß ein, in dem ich vor ein paar Jahren beinah ertrunken wäre. Was will der Angakoq eigentlich von mir erfahren? Daß ich jetzt schon zwei Sommer lang Wollhaarflaum sammele, aber noch immer nicht mit dem Mond bin? Nein, das braucht er nicht zu wissen. Merkwürdig, Iwi hatte ich immer etwas zu erzählen, aber jetzt ist mein Kopf einfach leer. »Ich überlege ständig, aber ich finde nichts«, erkläre ich schließlich.

Der Angakoq reagiert nicht. Er sitzt mit hängenden, fast geschlossenen Lidern auf der anderen Feuerseite und läßt seine Finger über die Trommelhaut wandern. So hokken wir uns stumm gegenüber, er mit seiner Trommel beschäftigt, ich mit meinem leeren Kopf. Dann erinnere ich mich an meine Tasche.
»Ich habe etwas in einer Höhle gefunden«, berichte ich. »Das würde ich dir gern zeigen. Es ist eine kleine Figur. Aber sie steckt in meiner Tasche, und die liegt wohl an meinem Schlafplatz hinterm Zaun. Ich könnte sie holen.«
»Nunah kann das tun, wenn er die Wölfe füttert«, sagt Mir.
»Ich möchte mich aber bewegen«, erwidere ich.
»Bleib noch ein wenig und packe uns was zu essen aus«, schlägt er vor. »Du bist doch sicher hungrig. Drüben in den Behältern an der Zeltwand kannst du nachsehen.«
Die Ledertaschen sind schwer und tief. Ich ziehe sie ans Licht und packe aus. Löffel und Schüsseln, Pemmikan aus zerstoßenem Röstfleisch mit Beeren und Fett, gefüllte Därme, Grassamenbeutel und Trockenfisch kommen zum Vorschein.
Ich knote den Verschluß einer Blase auf und untersuche den Inhalt. Es riecht sehr süß und sieht bräunlich und klebrig aus.
»Das kenne ich nicht, was ist das?« frage ich.
Mir schaut auf. »Ah, du hast gleich nach dem Süßen gegriffen«, sagt er lächelnd. »Das ist Honig, den es in der Tundra nicht gibt. Nunah hat den Beutel von einem Jäger

aus dem Sonnenland bekommen. Einen Speer aus Mammutzahn hat er dafür gegeben. Braune Fliegen sammeln das Süße für den Menschen.«

»Ich glaube, das mag ich nicht«, sage ich. »Und was steckt in den vielen Darmhäuten?«

»Mit Grassamen angedicktes Blut, Fett und ähnliches«, sagt Mir und legt die Trommel beiseite. »Hast du das dikke Stück Trockenfleisch gefunden? Schneidest du mir ein Stück ab?«

Wirklich, es hat mir lange nicht mehr so gut geschmeckt. Die Eßsachen aus der Tasche riechen nach Sommer, sie haben den Duft von Moosbeeren, Pastinakwurzeln und Säuerlingsblättern.

»Das muß ein harter Winter für euch sein«, bemerkt der Angakoq, während ich heißhungrig zulange. »Auf dem Weg durch eure Gegend sind wir kaum auf Jagdwild gestoßen. Ohne unsere Vorräte wären wir verhungert.«

»Unsere sind längst zu Ende«, berichte ich. »Seit die Nächte wieder kürzer wurden und noch mehr Frost kam, sind wir beinahe jeden Tag hungrig geblieben.«

»Die Tiere lieben euch nicht«, erklärt der Angakoq. »Deswegen warten sie nicht an ihren gewohnten Pfaden, um euch ihr Fleisch zu bringen.«

Ich stelle die Schüssel weg, meine Hände zittern. »Du mußt uns helfen, Angakoq«, bitte ich. »Was soll denn aus uns werden?«

»Stellt eure Hütten woanders auf, fern von hier, wo euch die Tiere nicht meiden«, sagt er. »Geht achtsam mit den Geschöpfen der Mutter um, kränkt sie nicht, jagt keine

Tiere im Überfluß, tanzt vor der Erdmutter und bittet sie, daß sie euch in ihrer Nähe dulde.«

»Deine Worte machen mir Angst«, erwidere ich. »Alles, was du sagst, ist neu für mich. Selbst Ome, der doch unser Ältester ist, redet nicht von solchen Dingen wie du.«

Der Angakoq wirft mir einen kurzen Blick zu. »Aber du, Qila, hörst es jetzt«, sagt er. »Du mußt wissen, die meisten Lebewesen, die Flossen, Füße oder Federn haben, betrachten den Menschen als Eindringling. Deswegen müssen wir der Erde freundlich zureden, die menschlichen Wesen zu dulden. Das mußt du deinen Leuten erklären.«

»Meinst du, ausgerechnet mich wird man fragen?« entgegne ich. »Ich bin kein Mädchen, ich bin keine Frau, ich kann meine Seele nicht bei mir behalten. Wer sollte auf mich hören?«

»Du wirst es ihnen trotzdem sagen«, verlangt der Angakoq. »Du mußt ihnen erklären, was Gut und Böse ist. Wenn die Tiere merken, daß ihr sie nicht mehr als Verwandte behandelt, werden sie euch dem Hunger überlassen.«

»Aber ich weiß selbst nicht, was Gut und Böse ist«, wehre ich mich.

Der Angakoq lacht auf. »Du willst es nicht wissen, wie die meisten Leute nicht. Dabei ist es nicht schwer einzusehen. Wir alle leben auf Gegenseitigkeit, wir Menschen untereinander, die Tiere mit den Menschen, alles lebt auf Gegenseitigkeit. Und wir tun gut daran, uns danach zu richten. So einfach ist das, verstehst du?«

»Wir müssen uns aber schließlich ernähren!« halte ich ihm entgegen.

Der Trommelton setzt aus. Mir hält seine Hand in der Schwebe.

»Ja, das ist so«, sagt er mit verhaltener Stimme. »Eben das ist aber auch die größte Gefahr des Lebens, daß unsere Nahrung aus lauter Seelen besteht. Alle Lebewesen, die wir fürs Essen, für unsere Decken und Kleidung töten, sie alle haben Lebensgeister wie wir. Seelen, die den Körper verlassen und versöhnt werden müssen, daß sie uns kein Unglück bringen.«

Ich versuche, an mich zu halten, aber es rieselt mir über die Haut, dringt bis in die Fußspitzen, bis zu den Haarwurzeln, die Sicht verwischt, und ich beginne zu frieren, ohne kalt zu sein. Dann vernehme ich die Trommel, laut und stark spricht sie. Ich finde zu mir, meine Augen klären sich, und ich kriege wieder Luft.

»Sieh mich an, Qila, hier, schau her«, befiehlt der Angakoq. »Ich lasse dich nicht entwischen!«

Mein Blick sucht seine Nachtvogelaugen, sie betrachten mich ruhig, gleiten langsam über meinen Körper.

»Du mußt sehen lernen, was du siehst«, erinnert mich Mir. »Was siehst du?«

»Dich, dich und mich«, bringe ich mühsam hervor.

»Gut«, sagt der Angakoq. »So ist es. Du fliegst nicht weg. Hör auf die Trommel, sie trommelt deine Seele fest. Sieh nicht zur Seite, schau mich an. Du und ich, wir sind hier.«

»Ja, das sind wir«, bestätige ich und lächele ihm aufatmend zu. »Und es ist gut, daß du da bist.«

»Ruh dich aus«, sagt Mir. »Wir reden weiter, wenn es dir wieder besser ist.«

Ich strecke mich auf dem Lager aus und überlasse mich meinen Gedanken. Das Zelt, sein Geruch, die Geräusche der Wolfstiere von draußen sind mir inzwischen nicht mehr fremd, und ich fühle mich in der neuen Umgebung fast ein wenig zu Hause. Auch an das andersartige Aussehen des Angakoq, selbst an den roten Pelz in seinem Gesicht, habe ich mich bereits derart gewöhnt, daß ich nicht begreife, wie wir uns gestern davor fürchten konnten. Ich denke, viel mehr als sein Äußeres ist es das Innere des Angakoq, das ihn von uns unterscheidet. Bei ihm weiß man nie, was er im nächsten Augenblick sagen wird. Er sieht die Welt anders als wir, und seine Gedanken sind mir so wenig vertraut, daß ich sie nicht mitdenken kann. Ich verstehe auch nicht, warum er mich eigentlich in sein Zelt geholt hat. Und weshalb stellt er mir all die Fragen? Was will er nur von mir?

Ich fahre zusammen, als die Wolfstiere plötzlich anschlagen. »Nunah kommt«, erklärt Mir. »Die Tiere wollen ihr Futter.«

Der Vorhang geht auf, Nunah grüßt und greift nach dem Sack mit den Trockenfischen.

»N:nah«, versuche ich mit einem Zungenklick zu sagen. Der Mann fährt herum. »Mach das nicht noch mal«, sagt er böse. »Wage nicht, dich über seine Zunge lustig zu machen!« Dann wirft er den Fischsack über seinen Rücken und verschwindet nach draußen.

»Wenn es dich drückt, ist das eine gute Gelegenheit«,

meint Mir und nickt mir zu. »Die Wölfe sind jetzt beschäftigt. Lauf, wenn du mußt.«
Tatsächlich, das war höchste Zeit, denke ich, als ich wieder zurück beim Vorhang bin und in die Hütte gehe.
Nunah steht bei Mir, und ich höre, wie der Angakoq zu ihm sagt: »Sie bleibt noch ein paar Tage. Ja, hier bei mir im Zelt. Du findest in den Hütten bestimmt einen Schlafplatz für dich.«
»Wir verlieren viel Zeit«, gibt Nunah zu bedenken.
»Vielleicht nicht einmal«, meint Mir. »Die Sonne hat jetzt schon so viel Kraft, daß sie tagsüber den Schnee zum Schmelzen bringt, und wenn es nachts darauf friert, gibt das eine feste Eisbahn, die uns sicher trägt. Noch ein paar Tage, dann fährt es sich doppelt so leicht.«
»Also, mir ist es recht«, antwortet Nunah und wirft mir einen Seitenblick zu. »Ich will gern einem von euren Mädchen die Füße wärmen. Was meinst du, welche ist gut für mich?«
Ich werde schrecklich verlegen und stottere: »Das weiß ich nicht.«
»Macht nichts«, lacht Nunah. »Ich werde schon eine finden. Es werden nicht alle so dürr sein wie du.«
Jetzt weine ich fast, so schäme ich mich.
»Nimm es nicht so ernst, Mädchen«, meint Nunah leichthin. »Du wirst doch einen Spaß verstehen.« Damit wendet er sich zum Gehen.
»Nunah«, hält ihn der Angakoq zurück. »Da ist noch etwas. Qilas Tasche. Die muß bei ihrem Schlafplatz liegen. Erkundige dich danach und bring sie hierher.«

Ich merke Nunah an, wie ihn der Auftrag ärgert, doch er widerspricht nicht und begibt sich wortlos zum Ausgang.
»Setz dich, Qila«, sagt Mir, als Nunah gegangen ist. »Das ist dir in die Glieder gefahren. Du ärgerst dich.«
»Was kann ich dafür, daß ich so lang und dürr bin!« beschwere ich mich wütend. »Ich finde es gemein von ihm, sich darüber lustig zu machen.«
»Er ist eifersüchtig«, meint Mir und lacht. »Er möchte mich mit keinem teilen. Aber du hast ja auch schnell klein beigegeben.«
»Er hat ja recht«, antworte ich kleinlaut. »Wie soll ich mich da wehren?«
»Ich glaube, dein Seelchen ist noch ziemlich wackelig«, neckt mich der Angakoq. »Ich werde es wohl weiter festtrommeln müssen.«
»Und Nunahs Seele?« frage ich. »Sitzt die denn fest?«
Mir schüttelt den Kopf. »Nunah kann gar nicht fliegen«, sagt er. »Bei ihm ist es anders als bei dir. Seine Seele sitzt zu fest in ihm.«
Wenig später ist Nunah mit meiner Tasche zurück. »Ich habe ein Bett gefunden. Das Mädchen heißt Lao. Wenn du mich suchst, ich bin bei ihren Leuten«, teilt er dem Angakoq mit.
»Lao ist meine Freundin«, platze ich heraus.
Nunah zuckt mit den Schultern.
»Und was ist mit Buni?« erkundige ich mich. »Wie geht es ihr heute?«
»Gut, sehr gut, du würdest Augen machen«, erwidert Nunah mit merkwürdigem Unterton. »Es geht ihr sogar zu-

sehends besser. Sie sitzt und näht. Schließlich hat der Angakoq ja auch herausgefunden, wo bei ihr das Übel saß.«
»Was willst du damit sagen?« frage ich verwirrt.
»Nunah, jetzt ist es genug!« fährt Mir dazwischen.
Nunah tritt mit einem Fuß auf den anderen, sein großer Kehlkopf geht auf und ab.
»Brauchst du noch etwas?« fragt Mir.
»Nein«, sagt Nunah und schluckt. »Und wenn du nichts mehr für mich zu erledigen hast, kann ich ja gehen.«
Der Vorhang fällt, die Wölfe gauzen, dann ist er fort. Ich starre ihm hinterher. Ich mag diesen Mann nicht. Und wenn ich mir vorstelle, daß er sich zu Lao legt, zieht es mir den Bauch zusammen.
Der Angakoq stößt mich an, zeigt auf die Tasche und meint: »Du wolltest mir etwas zeigen.«
Seine Stimme holt mich aus meiner Verstimmtheit zurück. Ich setze mich zu ihm, suche in der Tasche, ziehe die kleine knubbelige Mutterfigur hervor und drücke sie ihm in die Hand. »Ich habe sie in der Erde gefunden«, erzähle ich. »Im vorigen Winter. Seitdem trage ich sie bei mir. Sie ist aus dunklem Elfenbein, und ich mag ihre glatte Haut. Wenn du sie anfaßt, spürst du, wie schön rundlich sie überall ist.«
»Anders als du«, sagt Mir, und aus seinem Mund verletzt es mich nicht.
»Ich bin noch nicht mit dem Mond, so wie Lao es ist«, stammele ich hilflos. »Ich frage mich, ob bei mir alles richtig ist. Denn Lao ist viel jünger als ich.«
»Du magst dich nicht«, sagt Mir.

»Nein«, sage ich heftig. »Nichts an mir stimmt.«
»Aber ich mag dich, wie du bist«, sagt der Angakoq. Es klingt, als spräche er zu sich und nicht zu mir. Doch für mich kommt es so unvermittelt, daß es mir den Atem verschlägt. Ich möchte mich unsichtbar machen, ihn zurückweisen, suche zu widersprechen und weiß doch, ich brauche mich nicht gegen sein Gefühl zu wehren. Nein, ich muß nicht wegrennen, nicht vor dem Angakoq, der in mich hineinsieht und mich trotzdem mag.
Er reicht mir das Bild mit der Mutterfrau zurück. »Es ist gut, daß sie bei dir ist«, sagt er. »Sie hilft dir. Und was ist noch in der Tasche?«
Ich zeige ihm die Feuerknolle mit der tiefen Schlagkerbe, meine Messer, Stichel und Bohrer. Zuletzt ziehe ich den Rentierstein hervor. Mir rückt näher ans Licht und betrachtet eingehend das Bild. Die Flammen tanzen darüber, und es hebt sich rot von der Steinhaut ab.
»Hast du das gemacht?« erkundigt er sich.
Ich nicke stumm, denke an Iwi und an die langen Tage, die ich benötigte, um die Rentierfrau in den Stein zu rufen.
»Es ist ein trächtiges Muttertier. Dabei ist es so klein und paßt doch genau in den Stein«, sagt er. »Du hast seine Seele eingefangen.«
»Nein«, entgegne ich. »Sie ist zu mir gekommen.«
»So meinte ich es auch«, sagt der Angakoq. »Euer Volk hat geschickte Hände. Wir im Gletscherland kennen solche Dinge nicht. Wir halten nichts fest. Uns genügt oben der Himmel, unten die Erde und das Wissen, daß wir da-

zwischen sind.« Er gibt mir den Bildstein zurück, und ich schlage ihn in die weiche Kalbshaut ein.
»Warum tust du das?« erkundigt er sich.
»Es ist seine Haut«, erkläre ich. »Unsere Leute hatten das Rentierkind aus seiner Mutter herausgeschnitten. Ich wickele es ein, daß es nicht friert.«
Der Angakoq schaut mich nachdenklich an. Schließlich meint er: »Ich hatte mich schon gefragt, wie ich gerade auf dich gekommen bin, als ich die Nachtschattenleute in eurer Hütte beschwor. Jetzt merke ich, was es war. Es müssen diese Dinge sein, die du bei dir trägst. Die Seele des Ungeborenen und seiner Mutter sind um dich. Du mußt sie der Erde geben, daß sie Ruhe finden.«
Ich nicke, obwohl ich weiß, daß es mir schwerfallen wird, mich von dem schönen Stein zu trennen.
Mir erhebt sich, hängt den Kochbeutel in den hölzernen Dreifuß, gibt Wasser und einen heißen Kochstein hinein.
»Ich mache Tee«, sagt er.
»Das tut gut«, sage ich nach dem ersten Schluck. »Und du, willst du nichts?«
»Es ist Schlaftee«, erklärt er. »Ich bleibe noch mit der Trommel am Feuer.«
»Du trommelst nachts weiter?« frage ich ungläubig. »Aber ich schlafe doch.«
»Und deine Seele bewegt sich«, antwortet der Angakoq. »Sie bewegt sich und geht auf Reisen. Ich will sie mit der Trommel begleiten.«
Beim Aufwachen am nächsten Morgen sehe ich die Gestalt des Angakoq als dunklen Umriß im Zelteingang ste-

hen. Er hat den Vorhang hochgerollt, und das Sonnenaufgangslicht fällt mir blendend ins Gesicht. Mir muß wohl ein Geräusch gehört haben, denn er dreht sich um und ruft: »Du bist ja wach! Ich dachte schon, du verschläfst den ganzen Vormittag. Nunah war schon hier und hat die Wolfshunde vor den Schlitten gespannt, damit die Tiere Bewegung kriegen. Hast du nichts gehört?«
»Nein«, gähne ich laut. »Aber was ist ein Schlitten?«
»Richtig, das kennt ihr ja nicht«, meint Mir. »Also, zwei flache Stücke vom Mammutzahn, Knochenrippen dazwischen, alles mit Leder verknotet, und die Hunde davor, das gibt einen Schlitten.«
»Ich kann mir nichts darunter vorstellen«, sage ich und gähne noch mehr. »Du mußt mir euren Schlitten zeigen.«
»Wenn Nunah zurück ist«, verspricht er und tritt ins Zelt. »Wir können gleich essen. Ich habe Körner gerieben.«
Der Brei schmeckt. Wir bereiten ihn genauso zu, mit Wasser und mit Kräutern oder Beeren.
»Wenn wir fertig sind, können wir ins Freie«, sagt Mir. »Man merkt, daß der Frühlingsmond kommt. Die Sonne brennt so, daß du den kalten Wind kaum spürst.«
»Wir könnten zum Ruckenberg«, schlage ich vor. »Da haben Milak und ich neulich die Rentiere erlegt. Ich nehme den Bildstein gleich mit.«
»Ist es sehr weit?« erkundigt sich Mir. »Ich kann nämlich nicht gut laufen, die Zehen sind mir abgefroren.«
»Es ist der Talberg gleich bei unseren Hütten«, erkläre ich. »Dahinter ist ein anderes Tal. Da müssen wir hin. Wir brauchen nicht lange, und ich suche den kürzesten Weg.«

Die Helligkeit vor dem Zelt überwältigt mich. Das Sonnenauge steht schräg über dem Tal und blendet, und die Erde scheint schwerelos im Raum zu schweben. Unser Atem steht weiß in der Luft. Wir begegnen den Spuren der Jäger aus unserer Siedlung, Fuchs- und Hyänenfährten, dann kommen wir in unzertretenen Schnee und erreichen das Tal hinterm Ruckenberg. Ich erkenne von weitem den Platz, wo Milak und ich die Rentiere fanden. Jetzt bei Tag und im warmen Sonnenschein ist der Weg um den Berg keine große Angelegenheit, aber ich merke, wie schwer dem Angakoq das Gehen fällt. Deswegen also ist er auf die Wölfe angewiesen und braucht auch Nunah als Begleiter. Ohne sie käme er nicht vom Fleck.
»Wir sind bald da«, melde ich.
Mir deutet auf einen Schneespatzen, der an uns vorüberflattert. »Das ist ein gutes Zeichen«, flüstert er mir zu.
»Wofür ein Zeichen?« frage ich.
»Daß wir willkommen sind«, antwortet er und wirft mir einen Blick zu. »Die Tiere erkennen die Gedanken der Menschen von ferne. Es kann sogar sein, daß dieser Spatz da vorn das Seelenkind von dem Rentierjungen ist, das seine Mutter sucht. Komm, beeile dich. Du mußt den Stein jetzt der Erde geben.«
»Da drüben am Felsen ist die Stelle«, zeige ich. »Aber ich muß eine Spalte suchen, in die das Päckchen paßt. Meinst du, der Spatz könnte wirklich sein Seelenvogel sein?«
»Jedenfalls fliegt er zu den Steinen«, erwidert Mir. »Alles

ist voll Zeichen«, fährt er fort und macht eine ausladende Gebärde. »Der Raum um dich ist niemals leer.«
Ich merke plötzlich, daß unablässig ein Lied in mir summt, Iwis Steinschneidelied, und während ich den losen Schnee aus einer Scharte zwischen zwei Felsblöcken kratze, beginne ich halblaut zu singen.
»Laß das!« zischt der Angakoq hinter mir.
Ich fahre erschrocken herum. »Das Lied gehört nicht hierher«, sagt er scharf. »Mach, daß du dein Päckchen los wirst, wir müssen fort!«
Ich stoße die Kalbshaut mit dem Stein so tief in die Spalte, wie ich nur kann, und renne dem Angakoq hinterher. Ich will mich erkundigen, was ich falsch gemacht habe, doch er winkt ab. »Jetzt nicht«, sagt er und stapft atemlos durch den Schnee. Es ist schwer zu glauben, daß das derselbe Mann ist, der sich auf unserem Hinweg so mühsam dahinschleppte. Zwischendurch blickt er sich mehrmals hastig um. Aber ich kann nichts Ungewöhnliches hinter uns erkennen. Was mag es nur sein, das ihn derart aus der Fassung bringt? Erst als wir die Felsgruppe aus unserem Blick verlieren, hält der Angakoq an. Er zieht mich dicht an sein Gesicht und sagt: »Sing mir das Lied. Aber leise. Und versuche dabei an nichts Bestimmtes zu denken.«
Ich gebe mir Mühe, aber die Stimme versagt mir, und ich muß ein paarmal ansetzen, bevor ich die Melodie richtig treffe.
»Es reicht«, unterbricht mich der Angakoq schon nach wenigen Tönen. »Ich erkenne es wieder. Woher hast du das Lied?«

»Von der alten Iwi. Aber wie kann es ein schlechtes Lied sein?« frage ich. »Iwi lebt bei uns, und niemand sagt etwas Böses über sie.«

»Gehen wir zu ihr«, entscheidet der Angakoq. »Und damit du begreifst, Qila, was mit dem Lied ist, will ich dir sagen, woher es stammt. Es kommt aus unserem Volk. Es ist ein Lied der Mondleute, das du gesungen hast, ein gefährliches Lied, wenn du seine Kraft nicht kennst. Oder verstehst du, was seine Worte bedeuten?«

»Nein«, gestehe ich. »Ich habe sie einfach mit der Melodie dazugelernt.«

»Es sind Worte unserer Sprache, in eure Sprechweise übertragen«, erklärt Mir. »Unsere Heiler singen es, und sie haben es schon gesungen, als es euch in diesem Land noch nicht gab. Es ist eins der uralten Lieder, die unser Volk bewahrt. Kennst du vielleicht noch mehr davon?«

»Ja, noch ein zweites«, antworte ich ihm.

»Dann bleib noch mal stehen. Ich will hören, ob es auch eins von unseren Liedern ist«, sagt er.

Ich kann machen, was ich will, suchen, probieren, nachdenken, aber auf Befehl kommt das Lied nicht. »Ich weiß nicht, wo es geblieben ist«, sage ich nach einer Weile. »Es ist einfach verschwunden.«

»Gehen wir weiter, und wenn es dir einfällt, meldest du dich«, befiehlt mir der Angakoq.

Ich gerate in schreckliche Bedrängnis. Das eine Lied soll ich vergessen, das vergessene suchen. Irgendwie meine ich es ständig zu hören, aber sobald ich es festhalten will, entwischt es wieder. Ich denke an Iwi, stelle mir vor, daß ich bei ihr sitze, ihr beim Singen zuhöre, aber auch das hilft nicht. Ich komme mir vor wie ein Tier in der Falle, das nicht mehr vor noch zurück kann. Als wir endlich den Zaun erreichen, weiß ich bald nicht mehr, wo mir der Kopf steht.

Der Angakoq geht, ohne auf die Leute bei den Hütten zu achten, auf Iwis Fellhaus zu, das allein für sich am Rand der Siedlung steht. Ich wage nicht, bei einem unserer Leute stehenzubleiben, weil ich spüre, wie es den Angakoq drängt. Ein Gruß rechts, ein gemurmeltes Wort links, zu mehr reicht es nicht.

Ich habe den Eindruck, als hätte die alte Frau uns erwartet. Jedenfalls wundert sie sich nicht, und wenn sie sich wundert, so zeigt sie es nicht. Sonderbar genug scheint ihr auch Mirs Sprechweise keine Schwierigkeiten zu bereiten. Und sie selbst murmelt jetzt gar nicht mehr, sondern spricht klar und deutlich.

»Sing«, befiehlt der Angakoq mir. »Nur den Anfang, sie kennt es ja.«

Ich singe, aber plötzlich lacht er und unterbricht mich. »Das ist wohl das andere, wonach du gesucht hast. Ja, es gehört auch zu unseren Liedern. Nun aber das erste.«

Es ist gleich da. Ich habe die Melodie, zur Melodie kommen die Worte. Ich singe, aber allein. Weder Mir noch Iwi fallen mit ein.

»Es ist genug«, bedeutet mir der Angakoq und wendet sich Iwi zu. »Du kennst die Kraft, die in dem Lied steckt?«

»Sie hat es gebraucht, als sie den Stein schnitt«, erklärt Iwi.
»Und du hast ihr über seine Kraft nichts gesagt?« fragt Mir, und seine Stimme klingt böse.
»Nein«, antwortet sie. »Ich habe ihr nichts gesagt.«
»Dann sag es jetzt!« fordert er.
Iwi blickt zur Seite und singt:

> »Eins näht, das andere schneidet,
> das erste bindet, das zweite entzweit,
> eins stillt Blut, das andere ruft es,
> eins versöhnt, das andere reißt Wunden.«

»So ähnlich heißt es auch bei uns«, bestätigt Mir. »Du hast gehört, Qila, was es mit den Liedern auf sich hat. Die Worte des Schneide-Lieds können töten, wenn du es stark genug wünschst.«
Ich stehe genau zwischen den beiden, links redet Iwi, rechts der Angakoq. Sie sprechen miteinander, zwar nicht über meinen Kopf hinweg, denn ich bin größer als sie, aber sie reden an mir vorbei. Ich kann mich nicht rühren, ich stehe wie festgeklemmt dazwischen.
»Du kennst die Kraft«, sagt der Angakoq zu Iwi. »Du kennst sie, aber du gehst schlecht mit ihr um.«
»Ich bin eine alte Frau, die ihre Kraft aufgebraucht hat«, verteidigt sie sich. »Die Kraft ist nicht mehr bei mir. Drei Kinder habe ich geboren, danach war ich leer.«
»Du weißt, daß sie nie verschwindet«, widerspricht Mir. »Warum läßt du deine Leute in Unwissenheit leben, daß

sie zwischen Gut und Böse nicht zu unterscheiden wissen? Warum lieferst du sie dem Hunger aus?«
»Ich habe alle Zähne verloren«, murmelt sie. »Die Lieder der Mutterfrau kann ich nicht mehr singen, ihre Tänze kann ich nicht mehr tanzen. Meine Beine wollen nicht mehr.« Dann zeigt Iwi auf mich. »Sie hat Kraft, sie soll es tun!«
»Du redest zuviel«, sagt der Angakoq ärgerlich.
»Aber dem Mädchen habe ich nichts gesagt«, wehrt sie sich. »Ich habe sie weggeschickt, als ich merkte, daß sie auf der Rückseite des Himmels geht, wie man das bei uns früher nannte. Ich bin zu alt, ich bin verbraucht, ich kann sie nicht unterweisen, wie sie mit dem mächtigen Etwas umgehen soll. Ich fürchte mich, den letzten Rest der Kraft zu verlieren, der mir geblieben ist. Ich will keine Heilfrau mehr sein.«
Der Angakoq schweigt.
Iwi schlurft zu ihrer Ledertasche und zieht die Rassel mit dem Bärengriff hervor. »Du kannst sie haben«, sagt sie und streckt mir das Gerät entgegen. »Ich habe mit ihr geheilt, getanzt und gesungen.«
»Nein, ich will die Rassel nicht«, widerspreche ich. »Von mir aus kannst du sie ins Feuer stecken.«
»Da siehst du«, sagt Iwi an mir vorbei zu Mir. »Ich konnte mir denken, daß sie so etwas sagen würde.«
Jetzt bewegt sich meine Seele in mir. Aber nicht aus dem Kopf heraus, sondern innerlich vor Wut. Die beiden reden und verhandeln über mich, aber wie ich mich dabei fühle, danach fragen sie nicht. Kurzerhand mache ich

kehrt, lasse sie stehen und laufe hinaus ins Freie. Jenseits des Zauns höre ich die Wölfe. Nunah kehrt von seiner Schlittenfahrt zurück. Wäre er nur wieder verschwunden, und sein Angakoq mit dazu, denke ich zornig und marschiere zu unserer Hütte.

Zwei Schlafzeiten, eine Tageszeit und heute morgen, länger war ich nicht fort, rechne ich mir vor. Und doch fühle ich mich als Fremde unter unserem Dach. Jedenfalls habe ich den Eindruck, daß Buni und Kob mich mit sonderbaren Augen mustern. Die beiden sind allein am Herd. Buni hat den Mund voll Sehnen und nickt mir nur kurz zu, Kob rennt und versteckt sich hinter ihrer Jacke.

»Wo sind denn Milak und Aka?« frage ich.

Buni zieht die Sehne aus dem Mund und löst einen Faden heraus. »Milak geht die Fallen ab, Aka ist bei Lao«, antwortet sie. »Und du, wo kommst du her?«

»Der Angakoq ist bei Iwi«, sage ich. »Ich habe ihm ihre Hütte gezeigt.«

Kob kommt hervor und betrachtet mich. »Lao sagt, daß der Fuchs in dich gefahren ist«, berichtet er. »Der rote Mann aus dem Zelt will ihn fangen. Bekomme ich dann die Zähne?«

»Da sind keine Zähne, und da ist auch kein Fuchs«, schreie ich ihn an und heule plötzlich los.

»Du hörst dich aber so an«, sagt Kob.

»Junge, laß sie. Komm her«, ruft Buni. »Qila ist müde, sie will schlafen.«

»Nein, nein«, schreie ich von neuem los. »Qila will nicht schlafen, Qila ist auch nicht müde! Ich gehe über den

Zaun und suche Milak. Vielleicht gönnt der mir wenigstens ein gutes Wort.«
Ich greife nach meinem Speer. Und wo ist die Tasche? Ich muß sie bei Iwi liegengelassen haben, aber da hole ich sie jetzt nicht! Mit zwei Sätzen bin ich über die Zaunsteine, schlage einen großen Bogen um Nunahs Wölfe und stampfe in die Tundra hinaus, renne und renne, bis ich wieder klar denken kann. Es ist dieser Angakoq, sage ich mir. Und Nunah, der sich an meiner Freundin die Füße wärmt. Was für entsetzliche Leute sind das nur, alle beide, aber der Angakoq ist bei weitem der schlimmste. Der trommelt einem die Kopfkrankheit in den Schädel. Was denkt der Mann wohl, was er mit mir anstellen kann? Sperrt mich in sein Zelt, horcht mich aus, und ich lasse mir das gefallen! Der bringt mich doch tatsächlich dazu, in Spatzen Gespenster zu sehen. Und dann soll ich ihm auch noch vorsingen. Und meinen schönen Stein bin ich los. Nur weil er mich beschwatzt hat. Oh, was für ein schrecklicher Mann! Er soll wieder abziehen mit seinem Wolfsgesindel. Ich jedenfalls will nichts mehr von ihm sehen. Wenn nur endlich, endlich Sommer wäre! Dann wäre ich sie alle auf einmal los, die ganzen Leute, die mir ständig auf den Zehen stehen.
Von Milak finde ich keine Spur. Aber ich kreuze mehrmals Nunahs Schlittenbahn. Er ist ein ganzes Stück talauswärts gefahren. Erst kurz vor dem ›Hohlen Fels‹ hat er sein Gespann wieder zurückgeführt. In den Fels führt eine unserer Höhlen. Da kann ich bleiben, hier werde ich mich eine Zeitlang verkriechen und Luft holen. Ich brau-

che Milak nicht, ich brauche nicht den Angakoq, ich brauche überhaupt niemand, ich brauche nur mich.

Die Höhle unter dem breiten Felsdach ist besonders schön. Sie hat in ihrem Inneren runde, weiche Formen und öffnet sich nach ein paar Schritten zu einem hohen gewölbten Raum. Wenn ich bloß meine Tasche mit der Feuerknolle dabei hätte. Knochen liegen ja genug herum. Aber aus den Steinen, die ich im Geröll finde, läßt sich kein Feuer schlagen. Überhaupt sind meine Hände jetzt schon steif vor Kälte. Ich kann nicht lange hier bleiben, so gern ich auch möchte. Ich würde erfrieren. Es bleibt mir also nichts anderes übrig, als zurückzulaufen. Die Sonne hat bereits ihren höchsten Punkt überschritten und steht mir im Rücken. Stück für Stück hole ich meine alte Spur wieder ein und frage mich dabei, wohin ich eigentlich gehe. Milak wäre noch der einzige Mensch, den ich jetzt sehen möchte, aber ich mag nicht bei uns in der Hütte sitzen und bedrängt oder gar nachsichtig behandelt werden. Und das Zelt des Angakoq betrete ich nicht mehr. Da bleibt nur noch Iwi. Ich bin im Zorn von ihr weggelaufen, aber ich werde versuchen, bei ihr unterzukommen. Iwi und ich haben schließlich eines gemeinsam: Sie ist anders als die anderen. Wie ich.

Ich trödele, ziehe den Rückweg in die Länge, und als ich endlich in dem kleinen Fellhaus bin, sind mir alle Glieder steif gefroren. Ich kauere auf den Zehenspitzen an der Feuerstelle und wärme mich auf. Iwi sitzt in sich zurückgezogen auf ihrem Lager. Aber sie hat genickt, ich kann also bleiben. Es ist merkwürdig still zwischen den Wän-

den. Iwi summt nicht, Iwi mummelt nicht, Iwi gibt keinen Laut von sich. Und wir beide haben uns auch nichts zu sagen. In der Asche entdecke ich die Reste der Rassel.
Vor Sonnenuntergang fülle ich draußen den leeren Wassersack mit Schnee. Ich vermeide es, nach dem Zelt des Angakoq zu sehen, und steige auf der entgegengesetzten Seite über den Zaun. Vielleicht werden die beiden Wolfsleute ja morgen weiterziehen. Die Schneedecke ist hart gefroren, nichts hält sie hier. Zurück in der Hütte stoße ich die Kochsteine in die Glut, lege Brennmaterial auf und warte. Ich warte, daß sich etwas in mir meldet. Aber ich, Qila, merke nichts von mir. Der Angakoq hat ganze Arbeit geleistet, ich fühle jetzt gar nichts mehr. Meine Seele sitzt so fest, daß sie sich nicht rühren kann. Aber immerhin spüre ich Hunger, wenigstens das.
»Wo finde ich etwas zu essen?« frage ich Iwi.
»Es ist nichts da. Keiner ist gekommen. Und ich brauche auch nichts«, antwortet sie und nuschelt dabei so stark, daß ich sie nur mit Mühe verstehe.
»Dann koche ich Tee«, sage ich. »Wo finde ich welchen?«
Sie macht eine unbestimmte Handbewegung, und ich mache mich auf die Suche. In einem Lederbeutel entdecke ich getrocknete Beeren und koche eine Handvoll auf. Das heiße Getränk geht mir warm bis in den Magen, es schmeckt ein wenig muffig, doch das stört mich nicht. Ich fülle auch Iwi eine Schüssel voll, aber sie rührt den Tee nicht an.
Irgendwann nicht viel später wickele ich mich in die Decken und versuche zu schlafen. Es war ein schlimmer Tag,

der heute früh mit einem Weg begann und jetzt im Dunkeln ausweglos endet. Ich liege, ohne daß sich meine Seele bewegt. Aber ich schlafe nicht gut. Ich schrecke mehrmals auf und finde nur schwer wieder zur Ruhe.
Im Morgengrauen kratzt es außen am Vorhang. Milak erscheint. »Buni geht es schlecht«, sagt er hastig. »Hole den Angakoq. Vielleicht kann er ihr die Augen öffnen.«
»Was fehlt ihr denn?« frage ich noch halb im Schlaf.
»Sie hat Blut ausgestoßen, obwohl es nicht ihre Mondzeit ist«, sagt Milak. »Ich glaube, sie hat unseren Kindeskeim verloren.«
»O nein, nein«, schluchze ich auf.
Milak kniet ins Fell, faßt im Halbdunkel nach mir und rüttelt mich. »Du mußt dich beeilen, Qila«, drängt er. »Kommt der Heiler nicht bald, ist es zu spät!«
»Geh zu Lao, da ist Nunah. Der soll den Angakoq holen«, sage ich und winde mich aus seinem Griff.
»Aber ich war bei Lao!« schreit Milak. »Da ist er nicht.«
Ich fahre in meine Jacke und Schuhe und renne los. Wie ich über den Zaun gekommen bin, habe ich vergessen. Ich sehe nur noch die Wölfe über mir, erinnere mich an den Schmerz und wie ich versuche, mein Gesicht zu schützen. Ich brülle, schlage um mich. Dann sind Arme da, Schreie, Stimmen, die beiden Männer, die mich in Sicherheit bringen.
»Ich hatte euch vor den Tieren gewarnt, Mädchen«, hält Nunah mir aufgebracht vor und legt mich im Zelt ab. »Wozu bist du gekommen?«
»Buni geht es schlecht. Jemand muß nach ihr sehen«,

bringe ich hervor. Blut quillt aus meinem Jackenärmel, läuft über die linke Hand.

»Nimm den Stock, bring die Tiere zur Ruhe!« ruft Mir Nunah zu. »Ich gehe inzwischen zu der Frau, du schaust dir das Mädchen an und kommst nach.«

Mich schüttelt es vor Schluchzen. Draußen höre ich Nunahs Stimme zwischen den Wölfen, klatschende Geräusche, Wimmern, Mirs eiligen Humpelschritt. Ich kann mich nicht beruhigen, weine, schniefe, während Nunah mich aus der Jacke schält und sich über den Arm beugt. Ich bemerke seine von Bißnarben entstellten Hände, die mein Blut wischen, und weine und heule weiter. Dann ist auch Nunah gegangen. Ich liege allein in dem kleinen Lederzelt, draußen winseln die Wölfe, das Blut rinnt über den Unterarm und bildet eine schmierig verlaufende Bahn im Fellgezottel.

Nach endlos langer Zeit ist der Angakoq bei mir. Er untersucht die Wunden. »Es blutet stark, tut weh, aber es ist nicht schlimm«, stellt er fest. »Kommt kein Brand oder Frost hinein, wirst du bald kaum noch etwas davon merken.« Er streicht eine dicke Lage graugrüne Salbe auf die Bißstellen und verbindet den Arm mit einem Lederstreifen.

»Was ist mit Buni?« erkundige ich mich.

»Nunah ist bei ihr geblieben. Ich setze mich gleich wieder zu ihr«, antwortet Mir. »Willst du hierbleiben oder schaffst du es schon über den Zaun?«

»Ich bleibe lieber«, sage ich und atme tief aus.

Durch die Vorhangritzen fällt das erste Morgenlicht ins

Zelt. Ich starre auf die hellen Streifen an der Wand. Mein Körper ist schwer wie Stein. Der Stein will liegenbleiben. Er wird sich nicht von der Stelle rühren. Ich will nicht hier weg, ich bleibe. Alle Unruhe fällt von mir ab. Ich liege ohne etwas zu wollen, ohne etwas zu denken, ohne zu warten. Wie der Stein, über den Licht und Schatten wandern.

Dann höre ich Mirs Schritte. Er beugt sich über mein Gesicht, sieht meine offenen Augen.

»Du bist wach«, stellt er fest. »Willst du noch ruhen?«

Ich nicke.

»Gut, dann kann ich auch besser deine Wunde versorgen«, sagt er.

Der Angakoq geht zum Ausgang, ich höre ihn mit Nunah murmeln, und dann entfernen sich Nunahs Schritte durch den quietschenden Schnee.

Mir hat den Zeltvorhang aufgerollt. Sonne und frische Luft strömen herein. Das Licht beleuchtet das Gesicht des Angakoq, die breitflächigen Backen, und flammt in seinem roten Haarkranz. Mir hat sich mit geschlossenen Lidern neben mich gesetzt. Sehr müde sieht er aus, denke ich bei mir, grau, verfallen und erschreckend alt. Unter den Wimpernrändern laufen bläuliche, tiefe Furchen, die schweren Augenlider sind von rötlichem Aderwerk durchzogen. Iwis Gesicht ist alt, Omes Haut ist von zahllosen Winterfrösten gegerbt und zerrissen, Mirs Gesicht aber ist uralt.

Ich strecke die Hand aus und berühre seine Backe. Er schlägt die Augen auf, unsere Blicke begegnen sich, und

wir lächeln uns zu. »Nimm mich mit, wenn ihr weggeht«, bitte ich.
Der Ausdruck in seinem Gesicht wechselt, seine Lider senken sich, und er legt die Hände ineinander.
»Das geht nicht«, sagt er sacht, aber so fest, daß seine Stimme jeden Widerspruch ausschließt. »Nein, Qila, du kannst nicht mit. Schlag dir das aus dem Kopf.«
»Ich kann dein Gehilfe sein«, rede ich ihm zu. »Du wirst mich anleiten, und ich werde lernen.«
»Aber ich brauche keine zwei Gehilfen«, erwidert er. »Nunah ist mir genug.«
»Du läßt mich bei Leuten zurück, zu denen ich nicht mehr gehöre«, werfe ich ihm vor. »Das kannst du nicht tun!«
»Du gehörst aber auch nicht zu mir«, entgegnet der Angakoq.
»Dann soll ich also sehen, wo ich bleibe?« Ich setze mich aufrecht, genau ihm gegenüber, damit er mir nicht ausweichen kann. »Es geht dich nichts an, was aus mir wird? Willst du das sagen?«
Mir schweigt.
»Rede doch«, fordere ich ihn auf. »Ich verstehe dich nicht. Was ist das für ein Unterschied, ob einer oder zwei Leute neben deinem Schlitten laufen? Und für mein Essen sorge ich selbst.«
»Qila, du kannst reden, soviel du willst. Du kommst nicht mit. Du wirst deinen Kopf nicht durchsetzen. Du gehörst zu deinen Leuten, da ist dein Platz, und je eher du das begreifst, um so besser für dich.«

»Oh, warum bist du überhaupt gekommen?« fahre ich ihn gereizt an. »Wieso konntest du nicht in deinem Gletscherland bleiben? Was suchst du hier?«
»Das ist leicht beantwortet«, erklärt er ruhig und faßt nach der Trommel. »Ich suche dich, Qila. Deinetwegen bin ich hier. Weißt du das nicht?«
Ohne Vorwarnung fällt es mich an. Etwas Mächtiges ruckt an mir, packt mein Inneres. Ich spüre einen durchdringenden Schmerz in den Eingeweiden, es wird enger und enger um mich. Das ist nicht zum Aushalten, es muß doch irgendwo einen Ausgang, eine Öffnung geben. Aber wenn ich hier ausbreche, nach draußen komme, wird es vielleicht noch schlimmer. Nein, es geht nicht, ich kann nicht.
»Doch, du kannst«, höre ich die Stimme des Angakoq. »Ich habe das unzählige Male getan. Laß dich los, flieg.«
Da ist die Trommel, dort ist mein Körper, hier bin ich.
»Dong-dong-dong«, sagt die Trommel.
Ein großer Vogel fliegt um mich her. Er füllt den ganzen Himmel aus. Seine Federn streifen meinen Kopf, berühren meinen Rücken. Warum ist es nur so dunkel um mich?
»Du mußt die Augen aufmachen«, sagt der Angakoq. »Wo bist du? Schau dich um. Was siehst du?«
Da ist die Tundra, übersät mit schwarzen Steinen, von einem Himmelsrand bis zum andern.
»Was siehst du? Was hörst du?«
Jetzt kreisen andere Vögel um mich, andere böse, häßliche Vögel. So viele, sie machen mich verrückt mit ihrem

Geflatter. Sie rufen sich zu, sie verspotten mich: Seht sie euch an! Seht sie an! Und Wölfe schreien in der Ferne. Ich kann ihre Stimmen unterscheiden. Sie rufen: Da ist Qila, was will sie in dem blinden Land?
»Geh weiter. Versuche deine Füße zu finden. Was siehst du?«
Knochen liegen verstreut zwischen den harten, scharfen Steinen. Da ist ein zerrissenes Lederzelt. Ich mag hier nicht sein!
»Bleib stehen. Lauf nicht weg. Sieh genau hin, vor deine Füße. Was siehst du?«
Totengebeine. Eine Familie war das, denke ich. Muß ich Angst haben?
»Geh weiter. Siehst du deine Füße? Geh immer weiter, noch weiter. Was siehst du jetzt?«
Das Gerippe von einem einzelnen Menschen, ein Skelett.
»Betrachte es, sieh es dir an.«
Oh, du verlangst viel von mir! Es ist furchtbar, da unten zu liegen. Es könnten meine Knochen sein. Ich will das nicht sehen!
»Bleib stehen, geh nicht weiter. Achte darauf, was geschieht.«
Eine Bisonherde, sie füllt den ganzen Himmelsrand aus. Schwingende, zottige Köpfe, gefurchtes, schwärzliches Gehörn, zuckende Schwänze. Sie kommen auf mich zu. Ihre Hufe prasseln. Gleich werden sie auf mich treten. Oh, ihre Hufe sind so scharf. Sie zerquetschen mich.
»Schau nicht weg. Hab acht, was geschieht.«

Die Bisonfrau wälzt sich auf meinen Knochen. Doch es tut nicht wirklich weh. Ich lasse es einfach geschehen, dann ist es nicht schlimm. Mir ist nicht bange vor so einem kleinen Schmerz. Es ist die Bisonfrau, die ich in meinen Träumen sehe.
»Weiter. Was siehst du jetzt?«
Da ist der Abendstern. Er flackert überm Himmelsrand. Daneben eine rote Sonne. Die Bisonfrau wirft ihr Fellkleid ab. Ihre Haut ist rot vom Sonnenuntergangslicht. Ich höre sie singen, ich sehe sie tanzen, ich höre die Trommel. Jetzt ist der Bisonleib eine Menschenfrau. Ich bin wieder heil und ganz und tanze hinter ihr her. Ich stehe auf einem Hügel. Ein Land liegt vor mir, ein grünes Land, das auf mich wartet. Ich renne den Hügel hinunter und schließe Freundschaft mit den zweibeinigen, den vierbeinigen Lebewesen, mit den Vögeln der Luft, mit allen Dingen, die leben.
»Erzähle, was geschieht. Was siehst du?«
Nichts, es ist dunkel, als ob mir etwas die Augen verdeckt.
Ich spüre einen langsamen, fächelnden Flügelschlag in der Nähe, der sich mehr und mehr von mir entfernt. Ich bin nicht mehr fort, ich bin hier. Das Blut prickelt in den Ohrläppchen, und da ist nur noch das huschende Geräusch in der Ferne. Das erste, was ich sehe, sind die Nachtvogelaugen des Angakoq, die meinen Blick festhalten. Es ist anders als sonst, wenn ich wieder zu mir komme. Ich fühle mich nicht am ganzen Körper zerschlagen, sondern bin einfach erschöpft von einer langen Reise.

Ich lächele dem Angakoq matt zu. »Du hast meine Seele doch noch nicht richtig festgetrommelt«, sage ich. »Ich bin wieder mal davongeflogen.«

Mir hebt die Hand von der Trommel und wischt sich Schweiß von den Nasenflügeln. »Du sollst das Fliegen auch nicht verlernen«, erklärt er mir. »Du sollst es nur wirklich lernen. Du mußt der Kraft gehorchen, aber du kannst sie lenken, sobald du die Angst vor ihr verlierst. Diesmal hast du gelernt, deine Augen zu gebrauchen.«

»Ich habe die Mutterfrau aus meiner Tasche wiedererkannt«, berichte ich. »Die Bisonfrau sah genauso knubbelig und rund aus wie sie.«

»Du wirst ihre Tänze deinen Leuten bringen«, sagt Mir. »Du wirst jedesmal neu deine Reise ins Mutterland tanzen und damit deinen Leuten den Leib der Erde öffnen.«

»Und wird es immer so weh tun wie diesmal?« frage ich erschrocken.

Der Angakoq steht auf, geht zur Zeltmitte und fährt mit der Hand die Trockenschnur entlang, die unter dem Dach gespannt ist.

»Schau her, Qila«, sagt er behutsam. »Ein Angakoq muß im Gleichgewicht sein. Sonst erreicht er seinen Bestimmungsort nicht. Er wird dann entweder nach der einen oder anderen Seite herunterfallen. So wie meine Hand.«

Mir läßt seine Finger von der Schnur hinunterstürzen, bis das Feuer sie streift. Ich schreie unwillkürlich auf.

»Also, du gehst hinüber, und es ist sehr schmal«, fährt er fort. »Bist du nicht im Gleichgewicht, wirst du von den Nachtschattenleuten und ihren Wächtertieren gefressen,

die im Dunkeln lauern, um dich zu erhaschen. Du mußt dich entscheiden, entweder zwischen ihren Zähnen zu landen oder zu fliegen. Du hast die Wahl zwischen einem bösen Ende oder dem kleinen Schmerz.«
»Das ist keine Wahl«, wehre ich mich. »Du fängst mich in einer Falle.«
»Ich lege dir keine Schlinge«, sagt er. »Du hast schon oben auf der Schnur gestanden, als ich kam. Aber du warst nicht im Gleichgewicht. Vielleicht hättest du es geschafft, dich in Sicherheit zu bringen, vielleicht aber auch nicht. Dann kam ich, der Fremde aus dem Gletscherland, und sah dich. Ich hatte Angst, daß du abstürzt. Jetzt bin ich nicht mehr bange um dich. Du hast schnell gelernt.«
»Aber ein Leben mit Schmerzen erwartet mich«, sage ich.
»Vielleicht«, meint der Angakoq. »Es hängt von dir ab. Du selbst mußt entscheiden, wie weit du gehst. Aber ich frage dich: Fürchtest du dich vor ein bißchen Leiden?«
»Nein, ich möchte nur wie alle anderen Leute sein«, entgegne ich verzweifelt.
»Qila, das bist du nicht. Finde dich damit ab«, sagt der Angakoq. »Dafür findest du mächtige Verbündete. Die Bisonfrau zum Beispiel oder wen du dir sonst noch als Helfer erwirbst.«
»Darf ich nicht doch mit dir gehen?« bettele ich.
»Für mich ist meine Reise zu Ende, Qila. Ich habe nur gewartet, bis du soweit bist«, sagt Mir. »Jetzt kann ich meine Seele ins Sonnenuntergangsland schicken.«
Ich starre den Angakoq entgeistert an. »Du wirst mich

nicht anbinden können«, sagt er und wirft mir ein Lächeln zu. »Du brauchst dir also gar nicht erst zu überlegen, was du anstellen könntest, mich hierzubehalten.«
»Du sprichst von einer Krankheit? Was macht sie mit dir? Sag es mir«, bitte ich ihn.
»Es ist nichts, was man heilen kann«, entgegnet er. »Ich bin müde, viel zu müde, als daß ich weiterleben möchte. Von meinem Volk, den Mondleuten, gibt es nur noch wenige. Ich möchte im Sonnenuntergangsland sein, wo meine Leute sind. Mehr gibt es nicht zu sagen.«
Ich lege schweigend den Kopf gegen seine Schulter.
»Seit mehreren Wintern bin ich mit Nunah und dem Schlitten unterwegs«, sagt er. »Denn kein Angakoq darf vor die Mutterfrau treten, der nicht seine Kraft einem anderen ließ. Jetzt gehört sie dir. Ich habe keine Kinder gezeugt, aber zu dir ist mein Herz gekommen.«
Und meins zu dir, denke ich. Ich bin dein Trommelkind.
Der Angakoq geht zu seinen Sachen und holt mir die Salbe. »Für deinen Arm, für alle Fälle«, sagt er. »Sonst brauchst du nichts von mir. Was du noch zu lernen hast, wirst du dir selbst beibringen. Führe deine Leute in ein anderes Land, wie ich dir sagte. Lebe mit ihnen, wie es die Erdmutter will. Und nun geh. Setz dich zu Iwi, damit ich weiß, wo ich dich mit meinen Gedanken suchen kann.«
»Ist es schon soweit?« frage ich unter Tränen. »Willst du so bald schon fort?«
»Ich habe Jahre auf diesen Tag gewartet«, sagt der Angakoq. »Jetzt warte ich nicht länger. Ich bringe dich drau-

ßen an den Wolfshunden vorbei, dann steigst du über den Zaun und siehst mich nicht mehr. Dreh dich nicht noch mal um.«

Seine Hände liegen an meiner Brust, und meine Hände legen sich über seine.

»Ich werde dich nicht wirklich verlassen«, sagt er. »Das weißt du.«

Dann gehe ich, ohne mich umzuwenden. Ich laufe durch den Schnee, ich steige über den Zaun, ich setze mich in Iwis Hütte.

Da sitze ich nun, und zum letzten Mal sind seine Gedanken bei mir. Ich schlucke an meinen Tränen, er soll mich nicht mit so traurigen Augen sehen. Ich wende ihm mein Gesicht zu, damit sein Blick mich findet. So warte ich.

Dann weiß ich plötzlich, daß er geflogen ist, denn ich bin mit einemmal bei Iwi allein, die reglos in ihren Decken liegt.

Ich höre die Wölfe aufheulen und verberge mein Gesicht.

Irgendwann später bewegt sich der Vorhang, und helles Tageslicht fällt durch den Eingang. Nunah steht vor mir.

»Steh auf, komm mit«, sagt er mit undurchdringlichem Gesicht.

Ich steige hinter ihm über den Zaun, er geht mit mir zum Zelt, schlägt den Vorhang zurück und schiebt mich hinein. Der Angakoq liegt neben der Feuerstelle, die Arme zum Flug ausgebreitet. Seine Hand berührt noch die Trommel.

»Der Angakoq ist tot«, sagt Nunah.

Er faßt den Körper unter den Achseln, schleift ihn über

den Boden und lehnt den Oberkörper gegen die Zeltwand. Mirs Kopf sinkt nach unten.
»Setz dich so, daß du ihn sehen kannst«, sagt Nunah und deutet neben dem Vorhang auf den Boden. »Und jetzt gib heraus, was mir gehört.«
Er steht über mir, sein Blick hält mich fest.
»Ich weiß nicht, was du meinst«, antworte ich ratlos.
»Komm nicht mit Ausflüchten«, sagt er und schlägt mir mit aller Gewalt ins Gesicht.
Mein Kopf fliegt nach hinten, und ich schmecke Blut im Mund.
»Sag mir, was er dir gegeben hat«, schreit er, reißt mich an den Haaren vom Boden und schlägt noch mal zu.
»Sein Seelentier, sein Verbündeter, den er dir vermachte, was ist es?« fragt er und zerrt an meiner Jacke, daß mein Kopf gegen sein Kinn prallt.
Ich bin besinnungslos vor Angst. »Ich habe es nicht«, schluchze ich. »Laß mich los, ich weiß von nichts.«
Nunah stößt mich auf den Boden zurück, mein verletzter Arm schleudert gegen die Türstrebe. Eine Welle von Schmerz überläuft mich.
»Ein letztes Mal will ich es im Guten versuchen«, erklärt er drohend. Er richtet den Körper des Angakoq auf, ruckt den Kopf nach oben, daß seine toten, offenen Augen gerade in meine Richtung schauen. »Jeder Heiler hat sein Seelentier, sein eigenes, das nur er kennt und das sein Verbündeter ist«, sagt er und baut sich wieder vor mir auf. »Wenn er stirbt, vermacht er es seinem Gehilfen, und der ist dann der neue Angakoq. Du warst zuletzt mit

ihm im Zelt. Dir muß er es gegeben haben. Aber es gehört mir. Ich war sein Gehilfe. Los, sag jetzt, was das für ein Helfer ist, den er dir hinterlassen hat. Wie sieht sein Seelentier aus? Welchen Namen hat es? Wo versteckt es sich bei dir?«

Ich schüttele weinend den schmerzenden Kopf. »Er hat mir nichts von einem Seelentier gesagt. Ich habe es nicht«, schluchze ich.

Nunah spuckt aus. »Die Leute haben recht. Du stinkst wie ein Nest voll Füchse! Man hat mir auch gesagt, wie es kam, daß du als einzige damals in der Tundra überlebtest. Sie sahen die eingeschlagenen Schädel deiner Geschwister. Da wußten sie Bescheid.«

»Oh, rede nicht davon!« wimmere ich. »Nein, tu es nicht, Nunah, ich bitte dich.«

»Doch tue ich es«, sagt er angeekelt. »Du hast Menschenfleisch gegessen.«

»Nein«, brülle ich, »sag das nicht!«

»Doch, denn davon hast du den Fuchs. Deswegen bist du im Kopf anders als andere Leute. Ich könnte dir helfen. Ich könnte dir den Fuchs austreiben. Aber erst mußt du mir geben, was mir gehört.«

»Nunah, ich habe es wirklich nicht«, jammere ich.

»Aber du warst zuletzt mit dem Angakoq allein. Guck ihn dir an. Da sitzt er. Denke über alles nach, was zwischen euch war.«

»Der Angakoq hat mir seine Hände auf die Brust gelegt, als ich ging«, stammele ich.

»Und dann? Rede weiter«, herrscht er mich an.

»Ich bin fort. Er ist noch mit mir nach draußen, wegen der Wölfe«, berichte ich.

»Das war schon besser, aber nicht genug. Du wirst sehen, ich kriege noch die ganze Wahrheit aus dir heraus«, verkündet er.

Dann schaut er den Angakoq an und sagt vorwurfsvoll: »Das durftest du mir nicht antun! Ich habe dich begleitet. Ich habe dich auf den Rücken genommen, als dir die Zehen erfroren. Ich habe bei dir gesessen und getrommelt. Ich war deine Stimme und Hand. Mir gehört dein Seelentier, nicht ihr!«

Ich wische mir durchs Gesicht. Überall schmecke ich Blut. »Laß mich jetzt gehen, Nunah«, flehe ich.

»Geh nur«, lacht er böse. »Draußen warten die Wölfe, hier warte ich. Du hast die Wahl. Mit mir kannst du einig werden, mit denen draußen nicht.«

Ich schweige und starre ihn an. Sein Gesicht ist verzerrt vor Schmerz und Enttäuschung, und in seinen Augen steht die Wut.

»Nun, also gut«, sagt er endlich. »Du hast seinen Verbündeten, ohne es zu wissen. Aber du sollst damit wenigstens keinen Schaden anrichten. Ich könnte dich töten, aber mir ekelt vor dir. Ich werde zu deinen Leuten reden. Komm, steh auf. Wir gehen.«

Er stößt mich aus dem Zelt und treibt mich vor sich her zum Zaun. »Sieh dir alles noch mal gut an«, sagt er. »Du siehst es zum letztenmal. Los, steig über die Mauersteine!«

Eine Handvoll Menschen steht auf dem Hüttenplatz. Sie

starren mich an und rühren sich nicht. Aber meine Leute müssen mir doch helfen, denke ich verzweifelt. Sie können mich nicht dem Fremden überlassen, ich gehöre doch zu ihnen. Wo Ome nur steckt? Er muß herbei, er ist unser Ältester, er muß seine Hand über mich halten.
»Lao, Lao«, ruft Nunah. »Wo steckst du? Komm her.«
Lao stürzt aus Kipis Hütte und prallt zurück, als sie mich mit dem Rücken am Zaun hängen sieht.
»Qila, was ist los«, schreit sie. »Wie siehst du nur aus!«
»Lauf durch die Hütten«, schneidet ihr Nunah das Wort ab. »Bring die Leute zusammen. Ich habe mit euch über dieses Mädchen zu reden.«
Lao muß gar nicht erst die Hütten abgehen, unsere Leute kommen von selbst zusammen. Wir stehen an genau der gleichen Stelle wie neulich, als die Fremden an unserem Zaun erschienen. Damals waren wir vor Schreck wie gelähmt, jetzt versagen mir die Beine, weil mir die Angst in die Knie kriecht.
Ich sehe Nunah den Arm heben.
»Leute, der Angakoq liegt in seinem Zelt und ist tot«, ruft er ihnen zu. »Dieses Mädchen hat ihn umgebracht.«
»Nein«, schreie ich. »Hört nicht auf ihn. Der Mann lügt. Er lügt, ich habe so etwas nicht getan!«
»Schweig«, sagt Nunah, ohne sich nach mir umzudrehen. »Du redest, wenn du gefragt wirst.«
»Erkläre uns, was geschehen ist«, meldet sich Ome. »Ich höre, der Heiler ist tot?«
Die Leute stecken die Köpfe zusammen, Füße scharren, und da entdecke ich Milak.

»Milak, so hilf mir doch!« rufe ich. »Der Mann will mich töten.«
»Bleib stehen«, fährt Nunah Milak an, der einen Schritt vorgetreten ist. »Hört euch erst an, was ich zu sagen habe. Ich habe meinen Freund verloren. Mir steht das Recht zu, als erster zu reden.«
Ome nickt. »Dann rede. Teile uns mit, woher du weißt, daß Qila ihn getötet hat.«
»Die Sonne über uns sei Zeuge«, schwört Nunah. »Ihr wißt, und ich weiß es auch, daß dieses Mädchen Unsegen bringt. Unglück folgt ihr auf dem Fuß, wo immer sie geht und steht. Da vorn, Kipi, schauen noch die Brandreste deiner Hütte aus dem Schnee. Und hinten in dem kleinen Fellhaus liegt Iwi und kann sich nicht mehr von ihrem Lager erheben. Und sieh deine Hütte an, Milak! Der Heiler hat Buni retten können, weil er den Fuchs aus deinen Wänden verscheuchte. Aber deine Frau hat ihren Kindeskeim verloren. Durch wen wohl? Und warum geht der Hunger unter euch um, daß Männer ihre Neugeborenen über den Zaun tragen müssen? Warum hält die Mutterfrau ihre Tiere vor euch zurück? Ich habe mich unter euch umgehört. Ich kann euch angeben, was der Grund für all eure Plagen ist. Es ist dieses Mädchen. Betrachtet sie, schaut sie euch an, die Schuld steht ihr im Gesicht.«
Ich sehe die Fellschuhe, die Hosenbeine und Jackenzipfel von meinen Leuten, und ich sehe mich selbst. Mit der versengten Jacke, dem verbundenen Arm, mit meinem blutverschmierten Gesicht. Ein schreckliches Gefühl nimmt von mir Besitz, je länger Nunah spricht. Seine Worte, die

er gegen mich stellt, geben ihm recht. Ich sehe mich plötzlich so, wie er mich sehen muß. Ich brauche nicht erst zu schreien: Ich bin's, ich bin's! Hier im hellen Sonnenlicht sehen alle, daß ich die Augen zu Boden schlage, weil ich den Kopf nicht heben kann.

»Du hast noch nichts in der Sache vorgebracht, die den Heiler betrifft«, stellt Ome fest. »Was hat sie dem Mann getan?«

»Der Angakoq hat versucht, ihr den Fuchs auszutreiben, wie ihr alle ja wißt«, fährt Nunah fort. »Ich war nicht dabei, und niemand von uns hier weiß, was zwischen den beiden auf der anderen Seite vom Zaun geschah. Aber der Heiler, mein Freund, ist tot. Sie hat seine Kraft aus ihm gezogen, als er mit ihrer kranken Seele kämpfte. Sein Mitleid hat ihn getötet, wenn du so willst. Nein, sie hat nicht Hand an ihn gelegt, und darum verlange ich auch keine Buße und Entschädigung von eurer Sippe für ihn. Doch ihr müßt entscheiden, ob ihr sie nach all den Vorfällen weiter unter euch dulden wollt.«

»Zweimal hat Qila uns Fleisch gebracht«, ruft Papik. »Laßt uns an das Fleisch vom Nashorn denken, das in unseren Vorratsgruben liegt.«

»Milak soll reden«, bestimmt Ome. »Seine Hütte ist es, wo alles begann, seit er das Mädchen zu uns brachte.«

Ich wage nicht, Milak anzusehen, denn ich weiß, daß seine Aussage mich nicht retten wird. Aber ich wünsche mir, daß er trotzdem für mich ein Wort einlegt.

»Es war nicht immer so mit ihr«, höre ich ihn sagen. »Nur, daß sie anders war, als Kinder sonst sind. Ihr habt gesehen, wie oft sie allein in die Tundra ging. Aber Qila und ich haben zusammen gejagt, und ihr Speer hat selten gefehlt.«

Er hält ein, als wüßte er nicht weiter. Ich schaue zu ihm hinüber, und unsere Augen begegnen sich. Milak schaut mich unglücklich an.

»Stimmt es, was ich von Lao hörte?« fragt Nunah. »Du hast sie bei den eingeschlagenen Schädeln ihrer Geschwister gefunden?«

Milak, flehe ich innerlich. Sag, daß es nicht wahr ist. Sag, daß es Lügen sind!

»Ihr wißt, daß so etwas geschieht, wenn der Hunger die Menschen im Kopf krank macht«, sagt Milak heiser. »Und sie war doch erst ein Kind.«

Ich bekomme nicht mit, was alles noch folgt. Sehe nichts mehr, weil ich die Augen zupresse. Aber ich spüre, wie es sich in mir zusammenzieht. Wie jedesmal, wenn mich das Aussteigegefühl anfällt. Aber diesmal bleibe ich in mir. Der Angakoq hat meine Seele festgetrommelt. Mich streift ein huschender Flügelschlag, und der Krampf in meinen Gliedern löst sich. Es bleibt nichts zurück als ein scheußliches Summen in den Ohren.

»Ich wähle euch heute zu meiner Sippe«, höre ich Nunah verkünden. »Und wir werden diesen Unglücksort verlassen, den eine böse Kraft verseucht. Ich werde euer Angakoq sein, dem ihr euer Wohlergehen anvertraut.«

»Und Qila sei verbannt und ausgestoßen«, erklärt Ome. Damit tritt er vor mich hin und sagt: »Die ganze Tundra steht dir offen. Nur unseren Hütten nahe dich nicht mehr.

Was du fürs erste Überleben benötigst, reichen wir dir über den Zaun. Pack es auf und geh. Von nun an, Qila, bist du ein Schatten für uns!«
Mit diesem Augenblick habe ich aufgehört, für die Talleute zu existieren. Ich steige über den Zaun und bin für sie tot. Man trägt meine Sachen auf die andere Seite, und es fehlt nichts. Der Speer, das Wurfholz, Tragriemen und Decken, all meine Habseligkeiten. Auch meine Tasche ist dabei, selbst an Verpflegung haben sie gedacht. An alles, was man einem Toten ins Grab mitgibt, damit er nicht wiederkehrt und die Lebenden mit seiner Anwesenheit belästigt. Ich packe alles zu einem Bündel und werfe mir den Tragriemen über die Schultern. Ich habe begonnen, ein Schattendasein zu führen. Kein Blick, kein Wort begegnet mir mehr, und wenn mich versehentlich Augen streifen, gleiten sie über mich hinweg, als wäre dort nichts. Keiner winkt mir zum Abschied am Zaun, niemand schaut mir nach. Ich bin zum Schatten meiner selbst geworden, habe weniger Leben, als selbst ein Toter hat. Denn ich habe sogar meinen Namen unter den Lebenden verloren, und keiner trauert mir nach.

Durchs Gletscherstromland

Ich überlege nicht, wohin ich meine Füße wenden soll. Meine Beine folgen von selbst den alten vertrauten Pfaden, die ich mit Milak und den anderen Jagdgefährten ungezählte Male gegangen und wiedergekehrt bin. Doch von nun an werde ich nie mehr in diesem Tal meine Fußspur sehen.

Sehr weit werde ich heute nicht kommen, nur weit genug, um das Jagdland der Talleute zu verlassen. Aber meine Gedanken laufen nicht voraus. Denn da ist kein Ziel, an dem sie sich festmachen können. Ich gehe nirgendwohin. Ich gehe nur, weil ich gehe. Ich gehe nur, weil ich muß. Ich bin Qila, ein Schatten, der von den Lebenden getrennt ist.

Eine Dohle, die über dem Tal kreist, würde mich wahrnehmen. Da geht ein Zweibeiner, ein Mensch. Ihn umhüllt eine Jacke, sie reicht bis an die Knie. Seine Beine sind in Hosen gesteckt, dicke Fellschuhe umgeben die Füße. Seine Kapuze hängt ins Gesicht. Er geht krumm unter seiner Last, seine Schritte sind schwer, sie verlassen das Tal. So würde die Dohle mich sehen. Aber ich sehe mich nicht. Denn ich habe keine Augen mehr, in denen ich mich sehen kann.

Irgend etwas steuert meine Füße, denkt für mich, plant den nächsten Schritt. Vor Sonnenuntergang erreiche ich in einem engen Seitental den Hang mit der Flußfelsgrotte, die Grenze unseres Jagdlands. Der Anstieg ist mit

dem Gepäck nicht auf einmal zu bewältigen. Erst nach zwei Aufstiegen habe ich alles unter dem runden Höhlenmund untergebracht. Ich bin so zerschlagen, daß ich jede Vorsicht vergesse, einfach meine Decke ausbreite und mich hineinrolle. Ich liege noch lange mit offenen Augen. Auf der gegenüberliegenden Talseite verliert sich das letzte Sonnenlicht, die Nacht bricht herein. Unaufhörlich bringt sich meine Scham in Erinnerung. Nunah spuckt vor mir aus. Milak hebt hilflos die Schultern. Kinder weinen im Schlaf und wollen sich nicht trösten lassen: Kommt sie auch nicht wieder? Nein, nein, schlaf nur ein, sie ist doch über den Zaun! Ich sehe sie alle, jeden einzelnen meiner Leute. Aber ihre Bilder peinigen mich nicht. Ich fürchte mich vor meinem eigenen Schatten. Mitten in der Finsternis schrecke ich hoch, es würgt mich im Hals. Ich springe auf, wanke zur Seite und erbreche mich heftig. Ich habe heute kaum etwas gegessen, aber mein Magen entleert sich endlos. Der Hals brennt, die Mundhäute ziehen sich zusammen. Ich falle auf meine Decke, heule und weine, bis mich der Schlaf wieder mit sich nimmt.
Der Morgen bringt scharfen, kalten Wind. Ich habe Feuer gemacht, kauere auf den Fußsohlen im Höhleneingang, wärme meine froststarren Glieder und versuche mich zum Essen zu bewegen. Das Fleisch klebt zwischen den Zähnen, doch ich zwinge meinen Hals zum Schlukken. Mein Magen tut weh vor Hunger, ich muß essen. Ich lutsche Schnee und bringe mich dazu weiterzuessen, bis ich meine, daß der Magen genug hat. Ich will mich nicht länger bejammern, will nicht mehr meinem Kummer

nachhängen. Gestern bin ich vor aller Augen an den Zaun gestellt worden. Heute will ich nicht aufs neue da stehen. Auch nicht in Gedanken.

Mit diesem Entschluß bin ich aufgewacht. Ich habe Zeit, hier zu sitzen. Alle Zeit der Welt habe ich jetzt für mich. Mit keinem muß ich sie teilen. Ich spüre die Unruhe, die mich drängt: Weiter, weiter, los, pack auf! Doch ich lasse mich nicht drängen, zumindest heute morgen nicht. Ich habe beim Aufwachen die Trommel des Angakoq gehört. Seinen leichten, unmerklichen Fingerschlag. Ich will auf seine Hände hören, die mit mir reden, mir Mut zusprechen. Ich war zum Schatten meiner selbst geworden. Meine Leute hatten mich dazu gemacht. Aber jetzt sehe ich die Augen des Angakoq, und in seinen Augen sehe ich mich. Ich bin nicht länger unsichtbar, ich bin wieder sichtbar geworden und muß die Augen nicht mehr vor mir verschließen.

Während die Sonne höher steigt, wechselt der Wind. Er bringt linde Luft, Wärme, die das Eis aufbrechen wird. Vogelrufe kehren wieder, und die Lachse werden stromaufwärts ziehen und der Mutter entgegenspringen. Ich bringe meine Sachen zu Tal, umgurte das Bündel und werfe es auf meinen Rücken. Ich, Qila, bin stark, ich habe einen festen Rücken, einen sicheren Schritt, ich habe gute Augen. Selbst der zerbissene Arm behindert mich nicht. Die Salbe des Angakoq hat nicht bloß den Schmerz weggenommen, sondern auch Heilung gebracht. Feste Krusten stehen auf den Bißrändern. Ich habe einen Körper, auf den ich mich verlassen kann.

Heute gebe ich meinen Füßen selbst das Ziel. Ich will dem Sonnenuntergangsland entgegengehen, um dem Angakoq näher, in seiner Seh- und Reichweite zu sein. Links und rechts buckeln sich langgezogene Hügel meinen Pfad entlang. Sie sind oben noch mit festem Schnee zugepackt. Aber unten im Tal weichen die letzten Schneereste auf. Fels und Erde sind wieder sichtbar geworden, gelbe und rote Krustenflechten leuchten im Gestein. Das Leben kehrt in die Tundra zurück. Ein vereinzeltes Schneehuhn verschwindet im Heidekraut und kommt hüpfend und nickend wieder zum Vorschein. Je weiter ich dem Tallauf folge, um so heißer wird mir in meinen dikken Kleidern. Kleine Pfützen sammeln sich zwischen Moos- und Seggenpolstern, laufen zu winzigen Rinnsalen zusammen, die ihren Weg zu dem großen Gletscherlandfluß suchen, dem ich später stromaufwärts folgen will. Das schwere Gelände macht Mühe beim Gehen. Die Knöchel schwanken, knicken ein, schlüpfriges Naßeis reißt mir die Beine weg. Doch ich komme voran. Schritt für Schritt, ohne daß meine Schenkel müde werden, arbeite ich mich durch das Land, das sich vom Wintereis befreit.

Nachmittags öffnet sich die Landschaft immer weiter, bis ich plötzlich oberhalb der ausgedehnten Senke stehe, durch die der Gletscherfluß seine gefrorenen Arme streckt. Sie glitzern und blinken im Sonnenlicht, daß ich die Augen zukneifen muß. Dicht in der Nähe hatten wir letztes Jahr unser Sommerlager bezogen. Ich finde den Hüttenplatz mühelos wieder und stehe nach ein paar

Schritten auf der flachen Kuppe. Von hier aus kann man die Eiswand gegen Mittag sehen, an deren Fuß sich im Sommer die Rentierherden sammeln, um den Mücken- und Fliegenschwärmen des Tieflands zu entgehen. Reste des Außenzauns ragen aus der Erde, schiefgezogen, zerbrochen, mit klaffenden Lücken dazwischen. Da wartet viel Arbeit auf uns, bis der wieder steht, denke ich – bis mir aufgeht, daß ich diesmal nicht dabei sein werde, wenn es heißt, Knochen herbeizuschleppen, zu spalten, einzugraben und mit Steinen zu befestigen.
Hinter den Zaunresten kann ich noch die Stellplätze unserer Zelte ausmachen. Ja, genau hier hat unsere Hütte gestanden! Da ist der Feuerplatz, unsere Aschengrube. Ich nehme schwerfällig mein Bündel vom Rücken und hocke mich vor den zusammengefrorenen Ascherest. Die Bruchkante eines zerplatzten Herdsteines blickt mir entgegen. An dieser Stelle ist gewöhnlich mein Sitzplatz gewesen. Buni hat Lachse gebraten und von ihrem Kind gesprochen, das damals in ihr wuchs. Es war dasselbe Kleine, das Milak im Winter dann über den Zaun tragen mußte. Milaks Platz war mir gegenüber, und ich sehe ihn noch mit frischem Lachsrogen im Bart. Hier hat er mit mir gelacht und mit dröhnender Stimme von Papiks Mißgeschick berichtet, dem ein Bär den ganzen Tagesfang weggeschnappt hatte. Wie deutlich ich das alles vor mir sehe! War ich das wirklich, dasselbe Mädchen, derselbe Mensch, der heute hier verstoßen sitzt?
Der von Steinbrocken umfangene Grundriß unserer Hütte zeichnet sich noch zwischen den Schneeresten ab. Daß

wir alle in dieser Enge Platz fanden! Aber ich bin ja zwischendurch tagelang weggelaufen, um draußen in der Tundra den Sommer zu spüren. Fast immer wäre ich gern noch länger ausgeblieben, doch ich fürchtete, unsere Leute könnten ohne mich weiterziehen. Kam ich zurück, hörte ich mir stumm die Vorwürfe an, daß ich mich vor der Arbeit drücke, Buni die ganze Plackerei allein überlasse: Fische ausnehmen, auffädeln und über dem Herdfeuer trocknen. Ja, ich erinnere mich noch gut, an jeden Augenblick. Dennoch vermisse ich Milak, Buni, unsere Leute, und trauere um die entschwundenen Zeiten. Aber das andere Gefühl ist stärker. Ich möchte nicht in die Vergangenheit zurück. Mit einem Ruck stehe ich auf, breche den Herdstein aus der Erde, schleudere ihn über den Zaun und ärgere mich, daß mir dabei die Tränen kommen.

Brennmaterial finde ich in der triefenden Landschaft nicht. Die Lemminge und Schneehasen, die mein Wurfholz erlegt, reiße ich auf und esse die Innereien roh. Den Rest lasse ich den Füchsen. Als der Abendstern die Dunkelheit ankündigt, erreiche ich im Dämmerlicht eine Höhle, in der ich übernachten kann. An ihrem überspringenden Felsdach hängen dicke Bärte tropfender Eiszapfen. Über dem geräumigen Innenraum führt in Handhöhe eine Nische in den Berg, und dort richte ich meinen Schlafplatz ein. Ich habe schon früher verschiedentlich hier geschlafen, aber seit dem letzten Mal bin ich gewachsen, denn ich muß jetzt aufpassen, daß ich in der Nische nicht mit dem Kopf anstoße. Doch der Platz ist sicher und auch wohnlich, weil er ein kopfgroßes Guckloch nach außen hat, durch das ich über die Senke bis an den Gletscherfluß schauen kann. Ich ziehe meine durchnäßten Fellschuhe aus und betrachte sorgenvoll ihre Laufflächen. Lange werden die Sohlen nicht mehr halten. Aber wie komme ich an festes Fußleder? Das liefern nur Großtiere, Auerochsen oder ausgewachsene Bisons, und ich habe keine Ahnung, wie ich ohne fremde Hilfe so ein mächtiges Tier zur Strecke bringen sollte. Ich bin die Gemeinschaftsjagd gewohnt, wo jedem seine besondere Aufgabe zufällt und keiner auf sich allein gestellt ist. Auf einmal fühle ich mich beklommen und mutlos. Ich brauche mir nur vorzustellen, was mir zustoßen könnte. Schon ein Sehnenriß oder ein gebrochener Knöchel würden genügen, um mich dem sicheren Ende auszuliefern. Und was soll im Winter werden? Ich muß Wild auftreiben, das mich mit Nahrung, Kleidung, Werkzeug und Felldecken versorgt. Es gilt Fleischgruben auszuheben, Fische zu trocknen und, was am schwierigsten ist, Holz für Speere und Zeltstreben ausfindig zu machen. Zugleich soll ich noch Wurzeln sammeln, Beeren trocknen, Teekräuter sammeln und muß mir einen genügend großen Brennstoffvorrat anlegen. Wie soll ich das alles alleine schaffen? Die Verbannung ist so gut wie ein Todesurteil, wenn ich nicht andere Menschen finde, die mir erlauben, meine Hütte zu ihren zu stellen. Ich möchte allein sein, und doch brauche ich andere Menschen. Ich mache andere unglücklich, wenn ich unter ihnen lebe, und laufe ohne sie in mein eigenes Verderben.

Oh, es ist der Föhn, der dich so trübsinnig macht, sage ich mir schließlich. Denn seit heute mittag fällt der warme Wind von den Gletscherbergen in die Flußniederung, und jedesmal, wenn die warmen Fallwinde einsetzen, fühle ich mich wund und verletzlich. Schon ein Regentropfen bringt mich dann um mein Gleichgewicht.
Stöhnendes Eis, kreischender Wind wecken mich in der Dunkelheit. Ich brauche Zeit, bis ich mich zurechtfinde, denn die Finsternis ist undurchdringlich. In dem Höhlenraum unter meiner Nische bricht sich eine Geräuschlawine. Es knattert, ächzt, hallt unaufhörlich wider und knirscht. Aber gleichzeitig mit den Geräuschen dringt ein durchdringend scharfer Geruch an meine Nase. Der Wind trägt ihn in Wellen zu meinem Schlafplatz, und meine Nase erinnert sich. So riecht allein der Bär! Zwischen den Windstößen höre ich ihn jetzt auch. Ein langgezogenes Schniefen und dann in meiner unmittelbaren Nähe ein schnupperndes Geräusch. Es gibt keinen Zweifel, ein Bär muß in den Gang getappt sein. Der Wind fällt wieder in den Höhlenraum, zieht und jault, daß sein Lärm jeden anderen Laut übertönt. Doch der Geruch bleibt. Stechend, ranzig, scharf schlägt er mir ins Gesicht. Ich rücke nach hinten, so weit ich kann. Aber da ist kein Platz hinter mir. Der Wandstein drückt gegen die Schultern und Hüften und erlaubt kein weiteres Ausweichen mehr.
Erst jetzt reagiert mein Körper. Der Schreck fährt mir in die Glieder, meine Nackenmuskeln versteifen sich. Da grollt es dicht vor meinem Gesicht, schrappt und ratscht über den Stein, und meine Felldecke spannt. Ich reiße sie

an mich und fasse dabei in warmen Pelz. Wieder grollt es. Der heiße Bärenatem ist so nah, daß ich nach Luft schnappe. Der Bär muß unter mir aufgerichtet im Gang stehen, er schiebt seine Schnauze in meine Schlafnische und langt mit den Pranken hinein. Das Blut steigt mir heiß in den Kopf, mein Herz pocht, und ich stoße einen Schrei aus, presse die Decke gegen meine Brust, lauere, warte und male mir aus, wie groß das Tier sein mag. Werden mich seine Arme erreichen? Ich fliege am ganzen Körper und wage kaum zu atmen.
Ich weiß, Bären fressen kein Fleisch wie der Löwe, der Mensch oder eine Hyäne. Sie leben fast nur von Pflanzen, von Blättern aller Art und im Herbst besonders von Beeren. Sie fangen wohl auch Fische, patschen tagelang im Wasser und stopfen sich endlos voll für den langen Winterschlaf. Doch Bären jagen nicht wie andere Raubtiere. Sie fallen keine Vier- oder Zweibeiner an, wenn man sie in Ruhe läßt, es sei denn, daß man ihnen zu nahe kommt und der fremde Geruch des Menschen sie erregt. Aber was weiß ich, was gerade dieser Bär hier will, der in meinen Schlafplatz langt. Was weiß ich, ob er es nicht doch auf mich abgesehen hat, genau wie wir Menschen ihm nachstellen und ihn aufstöbern aus seinem Schlaf. Wenn es doch nur hell würde. Wenn wenigstens dieser blindwütige Wind schweigen wollte. Aber es tost ohne Ende, und die Finsternis will nicht weichen.
Aber dann ist der Bärengeruch mit einemmal verschwunden. Nur noch eine schwache Spur seiner Losung trägt der Wind zu mir hinauf. Ich schnüffele, schnuppere in

den Gang hinaus – wahrhaftig, die Luft ist rein. Ich taste vorsichtig nach meinen Sachen. Da ist der Speer, das ist ein beruhigendes Gefühl. Da liegt auch das Wurfholz. Aber wo ist meine Tasche? Ich fühle meinen Schlafplatz ab, suche zu meinen Füßen, fasse über den Kopf. Die Tasche bleibt unauffindbar, sie ist verschollen. Kann sie auf dem Herweg verlorengegangen sein? Nein, denn ich habe noch abends hier oben mit der Klinge Fleisch geschnitten. Vielleicht liegt sie ja weiter vorn, näher am Rand der Nische? Doch ich wage nicht, meine Hand dorthin auszustrecken, wo ich in den Bärenpelz langte. Aber die Tasche mit den Sachen darin ist wichtig für mein Überleben. Die Steinwerkzeuge kann ich neu schlagen, die Nähnadeln in dem hohlen Vogelknochen werde ich schon eher vermissen, die Feuerknolle aber ist für mich ganz unersetzlich. Und dann fallen mir die Sehnen ein, die Wundsalbe des Angakoq, ja, und meine kleine Mutterfrau! Ohne sie kann ich nicht gehen, nicht einen Schritt. Die Tasche muß ich wiederhaben, aber in der Dunkelheit kann ich nichts tun als warten, bis der Tag anbricht. Noch mal taste ich meine Umgebung ab. Umsonst, die Tasche ist verschwunden.

Und wo ist der Bär geblieben? Daß ich die Augen offenhalte, hilft nichts. Aber ich kann es nicht über mich bringen, sie zu schließen. So liege ich mit angespannten Sinnen, Augen, Ohren und Nase aufgesperrt, lausche, schnuppere und versuche mich wach zu halten.

Die plötzliche Helligkeit trifft mich unvorbereitet. Es ist lichter Morgen. Ich muß schließlich doch irgendwann ein-

genickt sein. Mit einem Schlag meldet sich die Unruhe zurück. Ich spitze die Ohren. Aber das Tosen des Windes hat nicht nachgelassen, und es ist unmöglich, darunter ein Geräusch auszumachen, das mir Aufschluß gäbe, ob sich der Bär immer noch in der Höhle befindet. Und von meiner Tasche sehe ich auch jetzt bei Tageslicht nichts. Handbreite um Handbreite arbeite ich mich sacht an den Rand meiner Schlafnische heran, bis ich unter mir den Höhlenboden überschaue. Zuerst entdecke ich meine Tasche. Sie liegt weiter zurück im Gang, seitlich von einem dicken braunen Klumpen, den ich zunächst für einen herabgestürzten riesigen Deckenstein halte. Aber dann bewegt sich etwas darauf. Ein Bärenjunges. Und noch eins. Ich bin in den Wohnplatz einer Bärenfrau geraten.
Vor dem Höhlenmund trifft das erste Sonnenlicht auf den Fels. Leise ziehe ich mich zurück, rutsche so weit wie möglich nach hinten, setze mich mit angezogenen Beinen und denke nach. Was fange ich jetzt an? Durch das Guckloch fällt mein Blick hinaus auf die Landschaft. Die glatten Frostarme des Gletscherlandflusses haben sich zusammengezogen, brechen auf, bilden lange Risse und Buckel. Der Wasserstrom wirft das Eis von sich. Auch vor meinem Guckloch rinnen Wasserfäden. Ich halte den Mund darunter und trinke in kleinen Schlucken. Das Wasser ist so eisig, daß es am Gaumen schmerzt. Wenn ich es mit den Händen auffange und trinke, geht es besser.
Wie ich mich umwende, starrt mir die Bärenfrau ins Gesicht. Sie hält sich am Sims aufrecht, stößt die Schnauze

in meine Nische, und ihre kleinen Augen glitzern. Ich habe keine Ahnung, was in ihrem Kopf vor sich gehen mag. Aber ich sehe plötzlich den Bären vor mir, den wir im letzten Winter aus seinem Schlaf holten. Ich war dabei, als wir ihm mit der Sehnenschnur den Hals zuschnürten, sehe noch, wie die Zunge des Tieres blauschwarz aus dem Hals tritt, höre den Bären röcheln, bis wir ihm mit den Hauäxten seinen Schädel zerschlugen. Riecht die Bärenfrau hier in der Nische das Blut eines ihrer Geschwister an mir?

Mein Speer liegt in Reichweite. Vielleicht kann ich die Bärenfrau nicht töten, denn sie ist sehr groß, und mein Speer ist schwach. Doch ich könnte sie ernsthaft verletzen. Ich könnte ihr die Speerspitze in den Rachen stoßen, in ein Auge. Zumindest würde sie das Weite suchen. Ich könnte ihr auf der Fährte bleiben und warten, bis sie sich hinlegt und verendet. Dann hätte ich einen Riesenberg Fleisch, eine kostbare Bärenhaut, ich könnte mir eine Schnur aus Bärenklauen umhängen, wie Kipi sie hatte. Ich brauchte nur nach dem Speer zu greifen, Ziel zu nehmen und zuzustoßen. Ich könnte, aber ich kann nicht. Denn da sind die beiden Winzlinge, ganz jung. Erst vor drei Mondbreiten hat sie die Bärenfrau geworfen, irgendwo weit hinten in der Höhle, im allerdunkelsten, äußersten Winkel. Weil sie die Kleinen dabei hat, kann ich es nicht tun.

Ich ziehe meine Knie an, kreuze meine Arme über der Brust und sage ehrerbietig: »Bärenmutter, ich tue dir nichts. Dir nichts und keinem deiner Kinder. Denn sie sind noch so klein und haben erst so wenig von ihrer Lebenszeit verbraucht. Dulde, daß ich an deinem Wohnplatz bleibe!«

Die Bärenfrau schnüffelt, schabt die Krallen, sperrt den Rachen mit den riesigen Hauern auf und läßt sich zu Boden plumpsen. Ihr Gebiß sieht gefährlich aus, aber ihr Rachenaufreißen hat eher nach einem Gähnen geklungen. Das ändert jedoch nichts daran, daß ich hier festsitze. Hinunter traue ich mich nicht. Nicht in die Nähe einer Bärenfrau, die ihre Jungen mit sich führt. Ich könnte versuchen, mein Guckloch zu erweitern, um auf diesem Weg das Freie zu gewinnen, aber da unten bei der Bärin liegt meine Tasche, und ohne die kann ich nicht fort.

Also hocke ich hier oben, wage sogar nach einer Weile, meine Beine über den Sims nach unten baumeln zu lassen, und schaue der Bärenfrau mit ihren Kindern zu. Sie wälzt sich auf den Rücken, alle viere von sich gestreckt, und ihre Jungen krabbeln ihr auf dem Bauch herum, stupsen sie mit den kleinen Schnauzen und saugen an den Brüsten. Wenn der Wind nicht so fegte, müßte ich ihr Schmatzen hören. Niemand hat mir je davon erzählt, daß Bärenmütter ihre Kinder im Liegen säugen! Ich dachte, sie tun es im Stehen wie andere Vierbeiner, oder sitzend, wie die Menschenfrauen. Die hier tut es jedenfalls im Liegen, und für die Jungen ist das natürlich sehr bequem. Jetzt höre ich sie wirklich schmatzen, und die Bärenfrau grunzt dazu.

Sie blickt dabei genau in meine Richtung. Sicher ist sie auf der Hut vor diesem fremden Geschöpf, das sich bei

ihr einen Schlafplatz gesucht hat. Dann aber dreht sie den Kopf beiseite und schaut zum Höhlenmund hinaus. Ja, dies ist die Zeit, wo die Bärenfrauen mit ihren Neugeborenen ihre Schlaflöcher verlassen. Der Himmelsbär in der Höhe, der den ganzen Winter auf dem Rücken gelegen hat, verläßt jetzt seine Höhle und steht wieder auf den Beinen. Die Bären auf der Erde machen es ihm nach. Ich frage mich nur, wie lange meine Bärenfrau noch warten wird, bis auch sie mit ihren Kindern die Höhle räumt. Zwei, drei Tage halte ich es hier oben in der Nische mit meinen Eßvorräten aus, länger aber auch nicht.
Meine Tasche, o weh! Die Winzlinge haben sie entdeckt, schleifen sie über den Boden und fangen wahrhaftig an, sich um ihren Besitz zu balgen. Die Bärin besieht sich das eine Weile, dann wird auch sie neugierig und will das Ding untersuchen, das nach dem fremden Geschöpf da oben riecht. Sie kratzt mit ihren langen schwarzen Krallen übers Leder, rollt sich mit der Tasche auf den Rücken und schiebt sie auf ihrer Brust herum. Jetzt steigen ihr auch noch die Jungen auf den Bauch, beißen ins Leder, zerren und rangeln, und als alle das Spiel endlich leid sind, liegt der ganze Tascheninhalt verstreut im Höhlengang herum. Die Bärin schnüffelt an meiner kleinen Mutterfrau, fährt mit der Zunge darüber und befördert sie dabei in die Pfütze, die sich im Laufe der Nacht im hinteren Ende der Höhle gebildet hat. Ich weiß nicht, ob ich lachen oder weinen soll. Jedenfalls habe ich meiner Mutterfrau noch nicht so zärtlich die Zunge gezeigt. Doch ich sitze jetzt noch ärger in der Klemme. Bisher hatte ich ge-

hofft, ich könnte in einem geeigneten Augenblick abspringen, die Tasche an mich bringen und Reißaus nehmen. Aber daraus wird jetzt nichts. Nun muß ich wirklich warten, bis die Bärin die Höhle verläßt, damit ich meine Sachen wieder zusammensuchen kann.

Aber eigentlich geht es dir ja gut, sage ich mir. Der Wind bläst warm, du mußt nicht frieren, holst dir keine eiskalten Füße draußen, du hast zu essen, findest Wasser zu trinken, und die Bärenmutter duldet dich. Überhaupt, solange der Föhn geht, ist ohnehin kein Weiterkommen für dich. So rede ich mir zu und bringe mich zur Ruhe. Ich beobachte von meinem Guckloch aus, wie die Flußarme immer stärker aufbrechen, die Eisschollen sich bäumen, krachend aufeinander zufahren und kämpfen, bis eine obsiegt und sich über die unterlegene schiebt. Ganze Eisgebirge türmen sich in den Armen, stauen das Eiswasser auf. Der Fluß gurgelt und schmatzt, als könnte er nicht schnell genug alles Eis verschlingen, das seinen Lauf hemmt.

Ich hocke mich auf den Sims, lehne mich gegen die Wand und schaue der Bärin zu, die ihren Buckel am Höhlentor wetzt, um den Winterpelz zu lösen. Merkwürdig, daß es mich dabei ebenfalls juckt! Ich scheuere mich am Stein und lache mit der Bärenfrau, die mir ihre Schnauze entgegenstreckt und laut durch die Nase pustet. Ihre Winzlinge streiten sich unterdessen um den obersten Platz auf einem Felsgrat und spielen wie Menschenkinder: Ich bin der Größte!

Später verschwindet die Bärin in den hinteren, aufwärts

führenden Höhlengang, ihre Kleinen traben hinterdrein.
Das wäre eine Gelegenheit, meine Sachen einzusammeln, vor allen Dingen die Feuerknolle und die kleine Mutterfrau. Doch ehe ich noch heruntergestiegen bin, kommt die Bärin mit ihren Kleinen aus dem oberen Höhlenteil gerutscht und landet mit einem Platscher in der Wasserlache. Und daraus wird ein endloses Vergnügen. Traben, Rutschen, Platschen, ohne müde zu werden, immer wieder die Rutschbahn hinauf und gleich wieder herunter. Damit geht der Tag vorbei: spielen, die Jungen lecken, säugen und sich kratzen. Denn schlafen braucht die Bärenfrau nicht. Das hat sie den Winter über genug besorgt.
Als es Abend wird, sitze ich nach wie vor fest. Also lege ich mich schlafen und bekomme auch keinen Schreck, als es nachts wieder schnuppert und die Bärin nachforscht, ob es mich da oben immer noch gibt.
Am nächsten Tag hat der Föhn aufgehört zu blasen. Aber es bleibt warm, und morgens höre ich die ersten Zugvogelschreie. Vielleicht hat auch die Bärenfrau sie vernommen. Sie streckt ihre Schnauze ins Freie, gähnt mächtig, scheuert sich, kommt zu mir getrabt, legt die Tatzen auf den Sims und gähnt noch mal. Dann steht sie breitbeinig unten in der Grotte und beginnt zu tanzen. Auf einer Stelle, unermüdlich, aufrecht mit schaukelnden Armen. Sie tanzt, wie die Bisonfrau tanzt, die Vögel unter dem Himmel auf ihren Flügeln tanzen, die Fische aus dem Wasser der Mutter entgegenspringen. Und ich singe ihr dazu. Laut und deutlich, denn in dem Höhlenrund klingt meine

Stimme sehr voll und schön. Ich singe der Bärenfrau Iwis sanftes Binde-Lied, das die Glieder bindet, die Gedanken bindet, die Herzen an die Mutterfrau bindet. Und ich rutsche mit nackten Füßen vom Sims, verharre singend davor, damit die Bärenfrau mich betrachten kann. Ich bin nicht anders als sie, nur viel kleiner, aber ich trage ein Fell, stehe auf zwei Beinen wie sie, tanze nach einer Weile so wie sie, singe und tanze, wie alle Lebewesen mit Flossen, Flügeln und Füßen es tun, um die Mutter zu ehren. Und die Bärin duldet, daß ich ihren Tanz mit meiner Stimme und meinen Schritten begleite.

Tags darauf trottet die Bärin davon und verschwindet mit ihren Jungen zwischen dem Weidengesträuch. Bei Beginn der nächsten Schneezeit wird sie hierher zurückkommen, das Fell von der Sommersonne ausgebleicht, vollgefressen für die lange Winternacht. Wird sie sich noch erinnern, an mich denken? Und wo werde ich dann wohl sein? Die große Bärenfrau ist rücksichtsvoll und großmütig mit mir kleinem Menschlein verfahren. Mein Herz ist in diesen zwei Tagen zu ihr gegangen und vielleicht auch ihres zu mir, daß sie mich in ihrer Nähe gelitten hat. Während sie mit ihren Kindern verschwindet, spüre ich Bedauern und Abschiedstrauer in mir.

Ich sehe ihr nach, kehre dann zurück in den Höhlengang und versuche, den Inhalt meiner Tasche zusammenzusuchen. Die knubbelige Mutterfrau liegt noch im Tümpel. Sie hat keinen Schaden genommen. Ich kratze die Sehnen und die Feuerknolle aus dem Schlamm, und als die Sonne dazukommt, entdecke ich Stück für Stück von meinen Steingeräten im Schotter. Nur die Nadelbüchse ist zertreten, keine einzige Nähnadel hat das Gewicht der Bärenpfoten heil überstanden. Ganz am Ende meiner Suche mache ich noch einen kostbaren Fund. In der Nähe von meinem Sims stoße ich auf einen durchlochten Bärenzahn, der sich im Geröll versteckt hatte. Ich hänge mir das Geschenk der Bärenfrau um den Hals, der schön geschwungene Zahn ist mein Andenken an sie. Qila, die Ausgestoßene, hat die Freundschaft einer Bärenfrau gefunden.

Vor dem Felsdach tut sich eine neue Welt auf. Die Erde hat das Eis abgeworfen, der Schnee fließt von den Hängen, schürft Rinnen und Rillen aus, schiebt Geröll, entwurzeltes Strauchwerk, Schotter und Lehm vor sich her. Im schäumenden Wasser der Gletscherstromarme wirbeln blaue Eisbrocken. Die Erde holt Luft und beginnt frei zu atmen.

Das Marschieren auf dem nassen, schlüpfrigen Grund ist mühsam und zehrt an den Kräften. Noch steht das Grundeis bis an die Wurzeln der Flechten und Seggen, bietet keinen Halt und durchsticht die Füße mit beißender Schärfe. Meine Lederhosen saugen Reif und Nässe auf und sind ständig bis über die Knie durchweicht. Aber vom Himmel brennt heiße Sonne, ich kann mit unbehandschuhten Händen in die Trageriemen greifen und den Speer tragen. Nach einem halben Mond wird das Grundeis so weit abgeschmolzen sein, daß die Erde das Wasser aufnehmen kann. Dann werde ich leichter und schneller vorankommen.

Jetzt sehe ich auch die ersten Gänse. Schwarm um Schwarm flattert übers Land, ihre Schwingen beschatten den Himmel und leuchten weiß, wenn die Sonne darauf trifft. Die großen Tiere spähen nach ihren Nestgründen. »Goak-go-aak«, rufen sie ihren Gefährten zu und landen mit gestreckten Beinen im Wasser, heben sich auf und schütteln die Flügel. Schritt für Schritt stoße ich auf Bodennester und Eiergelege. Enten brüten, Schwalben und Schnepfen; Graureiher fischen; Schwäne singen an den Ufern. Während der letzte Wintermond zum ersten Wärmemond wechselt, beginnen sich auch die Winterschläfer zu regen und verlassen ihren Bau. Die gelbbraunen, handgroßen Lemminge besehen mich mit ihren runden schwarzen Augen, richten sich auf und halten die pummeligen Vorderpfoten an die Brust, Mäuse wuseln um meine Füße, Murmeltiere pfeifen, Erdhörnchen schnellen von Stein zu Stein. Ich schlürfe Eier, mein Wurfholz trifft, meine Hände greifen nach Fischen. Unter der Schneedecke haben viele Kräuter im grünen Zustand überwintert und beginnen schon ihre Blätter zu strecken, andere treiben ihre ersten Schößlinge ans Licht hervor.
Während ich den Stromlauf begleite, immer dem Ort des Sonnenuntergangs entgegen, finde ich Nahrung in Hülle und Fülle. Aber ich vermisse das Feuer. Ich habe nichts, um gegen die bittere Nachtkälte anzugehen. In der wäßrigen Tundra ist nirgends trockenes Brennmaterial aufzutreiben, und selten bin ich so glücklich, eine Höhle zum Übernachten zu finden, die mich wenigstens gegen die schneidenden Winde schützt. Meist muß ich mich mit ei-

ner Felswand begnügen und friere jämmerlich in meinen durchweichten Sachen, die auch tagsüber nicht trocken werden. Die Felldecke aus Kaninchenpelz hat sich so voll Wasser gesogen, daß sie keine Wärme mehr gibt. Mit meinem Schuhzeug steht es noch schlechter. Seit Tagen laufe ich barfuß. Ich mußte mich erst dazu überwinden, denn der rauhe, struppige Tundraboden ist nicht für menschliche Füße gemacht. Doch es geht, zumindest dort, wo der Boden schon eisfrei ist. Die Fußsohlen sind nach ein paar Tagen aufgerissen, zerkratzt und zerschunden, aber mit der Zeit werden sie hart wie Leder.
Ich bin mit dem Strom so weit in die Mittagsrichtung geraten, daß mich zur Linken in der Ferne jetzt ständig die Eismauer des Hochgletschers begleitet. Heute früh habe ich eine Höhle gefunden, die sich wohnlich zur Sonne öffnet und zudem noch ein weit vorragendes Felsdach über dem Eingang besitzt. Hier will ich einige Tage bleiben. Ich kundschafte das Innere aus, finde aber keine Spur von irgendwelchen Bewohnern, dafür aber eine Menge Knochen, darunter auch einen menschlichen Schädelrest. Ich wende ihn sacht zwischen den Händen, fühle mit den Fingern durch die Augenhöhlen, schnuppere daran und horche, ob er zu mir spricht. Aber die Körperseele muß ihn schon in fernen Tagen verlassen haben, keine Empfindung regt sich in mir. Ich trage ihn in den hinteren Höhlenteil und lege den stummen Kopfteil auf einem Wandvorsprung ab.
Über eine roh zusammengesteckte Mauer breite ich meine Sachen zum Trocknen aus und freue mich, befreit von

meinem Gepäck im Sonnenschein zu sitzen. Ich rupfe eine Gans, lasse die Federn dem Wind und gebe das Herz unserer Mutter zur Wiederbelebung zurück. Seit langem ist dies meine erste warme Speise. Mein Magen kann es kaum abwarten, gefüttert zu werden. Doch ich esse bedächtig, lasse mir viel Ruhe, genieße den heißen Fleischduft, kaue kleine Ampferblätter dazwischen, damit mir das viele Fett nicht den Leib beschwert. Die kleine Mutterfrau schaut gegen einen Stein gelehnt zu, und ich fühle mich warm und sehr wohl. Nach dem Essen rolle ich mich auf dem warmen Stein zusammen, döse und schlafe fest ein. Vor reißenden Tieren muß ich mich nicht fürchten, denn außer Füchsen, Wieseln und einem einsam streunenden Wolf bin ich bisher noch keinem größeren Raubtier begegnet.

Später mache ich es mir auf meinem Sitzstein bequem und arbeite an einer Handtrommel aus Bisonhorn. Ich schlage zwei Spannen von dem Breitteil ab, schabe innen und außen das offene Stück sauber und verziere den Stutzen mit eingekerbten Wellenformen. Abends betrachte ich mein Werk und freue mich, daß mir der Trommelkörper so gut gelungen ist.

»Jetzt bekommst du deine Seele, und dann will ich hören, wie du zu mir sprichst«, sage ich.

Zwei Fischblasenhäute sollen ihr einen hellen, aber nicht zu scharfen Klang verleihen. Die Sehnen zum Verschnüren weichen bereits in meinem Mund, während ich die Häute allmählich am Feuer dehne, zwischendurch befeuchte und weiter strecke, bis sie glatt und ohne Runzeln sind. Der erste Laut meiner Trommel klingt genau so, wie ich erhofft hatte. Ich probiere alle möglichen Schläge aus, versuche es mit einem leichten Flügelknochen, tappe mit den Fingerkuppen und klopfe mit dem Daumennagel auf ihren äußersten Rand.

»Du hast eine klare, feste Stimme«, sage ich der Trommel. »Und ich will für dich tanzen.«

Ich tanze mit kurzen Zehenschritten, denke an die Bärin und singe, male mir schwarze Aschenringe um Hand- und Fußgelenke, singe und tanze im Feuerschein, während draußen die Sonne ihren Glanz wendet und der zunehmende Mond oben vom Gletscherlandhimmel leuchtet. Nach Tönen und Worten muß ich nicht suchen, sie stellen sich von selbst ein, und die Trommel hört nicht auf, mich immer neue Lieder zu lehren. Sie hallt im Höhlenraum wider, und meine Stimme ist voller Kraft. Und als draußen etwas Schweres mit rauhem, langgezogenem Schrei durch die Finsternis huscht, spüre ich die Nähe des Angakoq, der nach mir Ausschau hält. Ich weiß jetzt, daß die Eule sein Seelentier und mein Verbündeter ist. Ich habe gefunden, wonach Nunah vergeblich suchte. Das Seelentier des Angakoq ist bei mir zu Hause, ich tanze und singe und gehe mit dem Eulenmann und der Bisonfrau in meine Träume hinein.

Als ich mich morgens endlich zum Aufstehen überwinden kann, hat die Sonne längst ihre alte Fußspur wiedergefunden. Aber ehe ich irgend etwas anderes unternehme, setze ich mich zu der Trommel und wecke sie mit schnellen Fingerschlägen.

»Da bist du ja«, begrüße ich sie. »Ich bin ein Trommelkind, und du bist meine Trommelschwester. Die ganze Nacht habe ich dich in meinen Träumen gehört!«
Die Trommel spricht zu mir, ich spreche mit ihr. Wir kennen uns schon gut, dabei sind wir erst seit gestern zusammen.
»Meine Finger sind nicht so gelenkig, wie sie sein sollten«, sage ich ihr. »Wir müssen uns aufeinander einspielen, und du mußt Geduld mit mir haben. Aber heute mache ich dich schön. Ich suche einen Blutstein und lege dir eine Tanzbemalung an.«
Gestern sind meine Sachen alle trocken geworden, sogar die Kaninchenfelldecke. Ich habe kuschelig warm unter ihr geschlafen. Als ich meinen Hunger mit den Resten vom Gänsefleisch gestillt habe, verstecke ich die Trommel mit meinen übrigen Sachen in einer Felsspalte, nehme Wurfholz und Speer und mache mich auf, Ocker zu finden. Es ist der erste Tag ohne kalten Wind. Das Eis ist jetzt ganz von der Tundra gewichen, doch die Sonne hat noch nicht alles Schmelzwasser auflecken können. Überall stehen kleine Seen, Lachen, Tümpel und Pfützen zwischen den Birkensträuchern und Moosen.
Es ist gar nicht einfach, einen Blutstein zu finden, wenn man ihn gerade sucht und unbedingt haben will. Ich gerate auf meinem Marsch ins Schwitzen, und als die Sonne immer höher kriecht und ihre feurige Wärme auf die Tundra senkt, suche ich einen See zum Abkühlen. Ich habe ihn bald gefunden, steige aus meiner doppelten und dreifachen Winterkleidung, werfe alles zusammen auf die fla-

chen Ufersteine und steige ein. Irgendwie, nehme ich plötzlich wahr, ist mein Körper nicht mehr überall derselbe wie früher. Mir wachsen die Brüste. Nein, viel zu sehen ist noch nicht. Aber an den Brustwarzen merke ich es deutlich. Sie sind kräftiger und dunkler geworden seit dem letzten Sommer. Und wenn ich meine Handflächen darüber lege, merke ich, daß darunter etwas gewachsen ist, links noch mehr als rechts. Ich werde eine richtige Frau!
Mit einem Satz werfe ich mich ins Wasser, pruste, schlukke, schreie vor Freude. Ich stehe wieder auf und überzeuge mich, daß ich mir das Ganze nicht bloß einbilde. Während das Wasser an mir hinunterläuft, betrachte ich mich mit eingezogenem Kinn von oben und presse meine kleinen Brüste in den Händen. Nein, alles stimmt. Ich werde bald aussehen wie jede andere Frau. Auch zwischen den Beinen, über dem Spalt, der die beiden Leibesöffnungen der Frauen schützt, wächst kleines Kraushaar. Winzige Wassertröpfchen hängen daran. Und wenn ich dort mit der Hand drücke, merke ich, daß auch da unten das Fleisch voller ist als früher.
Ein durchdringendes Glücksgefühl überkommt mich so stark, daß es mich fast schwindelig macht. Was für ein Tag, was für ein unglaublicher Tag ist das! Ich strecke mich wohlig im Wasser und lasse den ganzen Winterdreck abweichen, schneide Heidekraut, rubbele jedes erreichbare Fleckchen meiner Haut, bis ich von Kopf bis Zehen glühend heiß bin, und lasse mich zurück ins Wasser fallen. Oh, Lao, denke ich, wenn du jetzt hier wärest und ich dir

zeigen könnte, daß ich dabei bin, eine Frau zu werden wie du!

Aber da ist keine Lao und auch sonst niemand, dem ich meinen neuen Körper zeigen könnte. Und eigentlich, sage ich mir plötzlich, macht es keinen Unterschied, ob ich eine Frau oder ein Mädchen bin, wenn es außer mir kein anderer Mensch wahrnimmt. Auf einmal kauere ich auf den Ufersteinen und weine vor Alleinsein. Noch nie habe ich Menschen so sehr vermißt. Ich hocke auf den Zehen, lasse Haut und Haare trocknen und schaue in die Ferne. Ich suche meine Leute, die meinen Namen nicht mehr aussprechen, für die ich zum Schatten geworden bin. Doch ich weiß nicht, wohin ich meine Gedanken schicken soll. Sicher werden die Talleute um diese Zeit längst zum Sommermarsch aufgebrochen sein. Die Frauen ziehen an Stirnbändern das Zeltbündel hinter sich her, jemand trägt die alte Iwi, Männer sind mit Hausrat beladen, Kinder schleppen ihre riemenverschnürten Bündel. Das Tal am Ruckenberg, der Hüttenplatz hinterm Zaun steht verlassen in der weiten Tundra. »Bring deine Leute in ein anderes Land«, hatte mir der Angakoq geraten. Er hat mir nicht verraten, wo dieses Land zu finden sei, er hat nicht gesagt, wie ich meine Leute bewegen sollte, hinter mir herzugehen. Jetzt führt sie ein anderer, Nunah, der ihnen mit seinem Wolfsgespann den Weg öffnet. Wohin? Ich sehe es nicht. Auch für mich sind meine Leute zu Schatten geworden.

Teil für Teil ziehe ich meine Lederbekleidung wieder an. Nach dem Bad kommen mir die Sachen doppelt schwer und unförmig vor. Aber wenigstens kann ich barfuß laufen. Ich bin inzwischen so daran gewöhnt, daß ich gar nicht an den Winter denken mag, wenn ich meine Zehen wieder in dunkle Häute einsperren muß. Unterwegs steche ich einen Fisch und finde auch meinen Blutstein. Ich hatte ihn schon vergessen, da sah er mich aus einem Tümpel an. Es ist eine fast faustdicke Knolle, und sie hat die richtige Farbe.

Nach dem Essen fühle ich mich besser. Die Kräuter und der heiß gegarte Fisch haben gut geschmeckt, und die Tage sind schon so lange hell, daß ich mich noch zu meiner Trommel setzen kann. Ich zerreibe den Ocker zu feinem, rotem Staub, füge Fischfett hinzu und lasse Blut aus meinem Daumenballen darüberlaufen. Auf die obere Trommelhaut male ich ein großes Auge, auf die untere eine Spirale und lege die Trommel in den Schatten, damit die Farbe allmählich einziehen und trocknen kann. Inzwischen späne ich aus dem Gänsebrustbein eine Nadel, bohre ihr ein Öhr und mache mich daran, die Lederreste meiner Tasche zusammenzuflicken, damit meine Sachen wieder ihre gewohnte Bleibe bekommen. Die Arbeit geht mir schnell von der Hand. Ich kann es auch kaum erwarten, wieder die Trommel zu halten und mit ihr zu sprechen.

Der Tag zieht an mir vorbei, und die Trommel schaut meinen Fingern zu, während ich ihr von mir erzähle.

Ich sage ihr, daß mich die Mutterfrau öffnen, der Mond mein Blut ziehen wird. Daß ich Wollgras sammeln muß. Ich erzähle ihr, wie ich Lao vermisse, daß meine Leute zu

Schatten geworden sind. Die Trommel hört zu, spricht, schaut mich mit ihrem großen Auge an, und allmählich löst sich der Trübsinn, meine Stimme klingt wieder sicher und laut, die Trommel tröstet mich.

Der Mond kommt dazu und überschüttet uns mit gelblichem Sommerlicht, der große Himmelsbär stellt sich auf die Füße und tanzt, und ich bin Qila, das Mädchen, die Frau, für die der Angakoq die Seele festgetrommelt hat. Qila, die Frau mit einem Körper, auf den sie sich verlassen kann. Ich bin Qila, das Trommelkind des Angakoq, der die Brüste wachsen, weil der Angakoq sie dort berührt hat. Qila, die unter der Kaninchenfelldecke einschläft, zusammengekringelt, die Hände zwischen den Beinen. Ich bin Qila, die sich gut sein kann und nicht mehr vor sich selbst davonrennen muß. Qila, die sich mag.

Auch tags darauf lasse ich meine Sachen in der Höhle. Ich will hinauf in die Berge, um einen Überblick zu bekommen, wie die Landschaft beschaffen ist, die mich in den nächsten Tagen erwartet. Weiter aufwärts am Hang liegt noch Schnee. Er ist morsch, glitzert nicht und quatscht breiig zwischen den Zehen. Lange bevor ich die Höhe gewonnen habe, muß ich umkehren, denn meine Füße und Beine sind zu Eisklumpen gefroren. Ich humple in meinen Spuren zurück und bin froh, daß ich einen steilen Felsen entdecke, von dem die Sonne Eis und Schnee abgeschmolzen hat und den ich besteigen kann. In der Nähe laufen die Fährten von Steinböcken, doch ich kriege keins der Tiere zu Gesicht. Mit mehreren Unterbrechungen schaffe ich es, die oberste Felskuppe zu erklimmen, wische den Schweiß aus meinen Augen, richte mich auf und schaue hinüber in die Richtung des Sonnenuntergangslandes. Aber da ist kein Land. Eine ungeheure Eiskuppe nimmt den ganzen Himmelsrand ein, und rechts lagern mit Schnee bedeckte Bergketten, die zurück bis an den Sonnenaufgangsort reichen. Von dort bin ich gekommen, und hier bin ich am Ende der Welt. Ich bin in eine Sackgasse gelaufen. Es hätte mich warnen müssen, daß ich auf meinem ganzen Herweg nirgends Rentiere ziehen sah, keine Bisons und Moschusochsen, und selbst Pferdehufe das Land mieden. Vorn und auf beiden Seiten ist das Land von Eis umstellt und verschließt sich den wandernden Herden. Und was wird jetzt aus mir, wo soll ich hin? Ich muß weiter, oder aber ich kehre um. Eingekesselt von den Gletschern habe ich keine Möglichkeit, mir das Leben zu erhalten. Zurück aber kann ich nicht. Bis ich wieder bei unserem Tal sein würde, wäre bereits die Hälfte der warmen Jahreszeit verbraucht, und die verbleibende Zeit bis zum Winter wäre zu kurz, um ein anderes Ziel zu erreichen. Und ich will auch nicht zurück. Ich fürchte mich vor den Schatten der Vergangenheit, die dort umgehen. Also muß ich weiter geradeaus, weiter in Sonnenuntergangsrichtung. Ich muß über den Gletscher, und wenn ich dabei im Eis bleibe, so werde ich doch als letztes in das Land des Angakoq schauen.

Abends am Feuer muß ich mir viel Mut zusprechen, um mich zu entschließen, am nächsten Tag aufzubrechen. Aber jetzt will ich es möglichst bald wissen, ob mir überhaupt noch ein Ausweg bleibt. Einen Wegeöffner wie den Angakoq brauchte ich jetzt. Der aber hat mich meinen eigenen Füßen überlassen. Und so werde ich losgehen, gleich morgen mit dem ersten Licht. Ich will wissen, wie es um mich steht.

Immer noch halte ich mich an den Lauf des Gletscherstroms, der mir seine jagenden Wassermassen tosend und quirlend entgegenschickt. Über Hügel und Hänge gerate ich dabei immer stärker in ansteigendes Land. Meine Beine haben inzwischen so viel Kraft gewonnen, daß ich Wildwasser durchquere, Schluchten nicht mehr umgehe, sondern beharrlich dem Zielpunkt meiner Augen folge. Ich kämpfe mich über Steilhänge und Klippen durchs Gelände, wate in Schnee, erzwinge mir Wege durch Morast und Sumpf, bin vom ersten bis zum letzten Tageslicht unterwegs, treibe mich an und eile.

Eines Morgens fasse ich Hoffnung. Am Himmelsrand kann ich eine Lücke zwischen dem vorderen und seitlichen Gletscher ausmachen. Die Eismauern lassen Platz zwischen sich, einen Weg für mich. Ich bin wieder voll Zuversicht, verlasse die Wegleitung durch den Gletscherfluß und halte mich mehr nach links in die Richtung des Durchlasses im Eis.

Das Land beginnt zu fallen, alle Wasser streben jetzt der Höhlung zwischen den Gletschern zu. Je näher ich der Pforte komme, um so stärker muß ich gegen den eisigen Wind angehen, der unablässig durch die Senke zieht und mir geradewegs ins Gesicht steht. Die Gletscherwände sind jetzt so nah, daß ich das Eis laut stöhnen und krachen höre. Es wird immer anstrengender, gegen den Wind anzugehen. Meine Füße patschen den ganzen Tag durch frostiges Wasser und über bereiftes Gestein und werden überhaupt nicht mehr warm. In dieser Nacht, in der ich, gegen einen Fels gelehnt, vergeblich versuche Schlaf zu finden, weine ich vor Kälte. Die eisige Nässe ist ärger als die schlimmste Winterkälte, die ich je in unseren Tälern erlebte. Und als die Morgensonne auf die Gletscherpforte trifft, sehe ich, daß kein Ende meiner Qual zu erwarten ist. Soweit das Auge reicht, glitzert Wasser zwischen den schneebepackten Hügeln, schüttet weiß schäumend zu Tal, faucht durch Schründe und Klüfte, bis es sich vorm Himmelsrand zu einer einzigen Wasserwüste vereinigt. Ich gebe auf. Das überstehe ich nicht, nicht heute, nicht morgen, ich schaffe es überhaupt nicht. Der Durchgang ist mir versperrt, das Gletscherflußland hält mich gefangen.

Ein letzter Rest Kraft ist mir geblieben. Und der Trotz, daß ich nicht klein beigeben will. Ich muß über den Gletscher, der vor dem Sonnenuntergangsland liegt. Ich kann mir allerdings nicht vorstellen, wie ich das zuwege bringen soll. Ich bin mehrmals mit unseren Leuten an der Gletscherwand im Mittagsland gewesen, um dort auf die Rentiere zu warten, die im Sommer den Eiswind suchen. Aber ich habe noch nie von einem Menschen gehört, der über den Gletscher gegangen wäre. Jeder weiß, wie glatt dort das Eis liegt, wie tückisch die verborgenen Spalten und Sprünge sind, die unter den Firnschneehängen liegen. Doch ich muß jetzt darüber nachdenken, wie ich mich über die Gletscherhöhen bringe, weil das die einzige Hoffnung ist, die mir noch bleibt.

Ich habe mein Gesicht gegen die Schneeblindheit eingeschwärzt, habe das untere Drittel meiner Jacke zu Fußhäuten verarbeitet, ich habe meine Schlafdecke um mich geschnürt und allen Mut zusammengenommen. Drei Tage bin ich am Eisrand entlanggekrochen, wo der Gletscher gegen den Himmel lehnt, drei Tage und Nächte hat mich der Gletscherwind geschüttelt, bis ich an dieser Stelle die Reste einer verlassenen Fellhütte fand. Ich habe den Schnee von den Lederresten geschüttelt, die Hüttenstreben ausgegraben und wieder aufgestellt und sitze nun im Windschatten der Zeltwand und überlege, wer da vor mir gesessen haben könnte. Zwei Mondbreiten lang war ich allein auf der Welt, ehe ich hier am Gletscherrand ein erstes menschliches Lebenszeichen fand. Das Herz klopft mir bis zum Hals. Ich kann aus den Spuren nicht lesen, wann diese Leute hier gewesen sind. Aber es fällt mir auf, daß sie ihre kostbaren Zeltstreben nicht mitgenommen haben, ja, das ist wirklich sehr merkwürdig. Wo kamen sie her, wo gingen sie hin? Ich fege den Stellplatz vom Schnee frei und suche nach weiteren Spuren. Aber außer ihren Streben und Zelthäuten haben die Leute nichts zurückgelassen. Nicht einmal eine zerbrochene Steinklinge kommt zum Vorschein. Also haben sie nicht lange hier gewohnt, denn bei einem längeren Aufenthalt bleibt immer etwas übrig, was sich nicht mehr mitzunehmen lohnt. Aber die Hüttenstangen! Die läßt doch kein

Mensch einfach liegen, denn Holz wächst bei uns nur an sehr vereinzelten, besonders sonnenwarmen, windgeschützten Orten. Nein, es gelingt mir nicht, mir ein Bild von den Fremden zu machen, aber eigentlich ist das auch nicht wichtig. Allein die Tatsache, daß in der Nähe irgendwo Menschen sein könnten, bedeutet einen Lichtblick in meiner verzweifelten Lage. Ich schöpfe neue Hoffnung. Und die brauche ich. Denn die hinter mir liegenden Tage haben meine Kräfte aufgezehrt. Ich kann nicht mehr gut marschieren, ich humpele und hinke und kann mich nicht mehr zur Eile bewegen. In bin schon froh, wenn es überhaupt noch weitergeht. Doch jetzt fasse ich mir wieder ein Herz. Vielleicht schaffe ich es ja doch noch. Aber zuerst muß ich einen Rasttag einlegen, damit ich mich etwas erhole und weitersehen kann. Ich ziehe meine Decke um mich und schlafe im Schatten der Zeltwand ein.

Ein unmißverständliches Geräusch schreckt mich nach langem Schlaf auf. Da, noch mal – und wieder! Das sind die hellen Stimmen von Rentierkälbern, die ihren Müttern nachschreien. Nein, ich kann mich nicht irren, jetzt höre ich auch deutlich das Grunzen der Rentierkühe dazwischen. Ich krieche auf allen vieren hinter meinem Windschutz hervor. Da sind sie, wahrhaftig, und wie viele! Eine lange Reihe von Rentieren, die mit aufgerecktem Hals, den Kopf zurückgeworfen, die Höhe entlangziehen. Die meisten sind Muttertiere. Sie haben im vorigen Mond, als sie ihre Kälber geworfen haben, ihr Geweih verloren und kommen jetzt mit ihren Kleinen an den Gletscherrand. So dicht ziehen sie an mir vorbei, daß ich ihr helles Bauchhaar sehe und das eigentümliche Knistern und Knacken ihrer Fußgelenke wahrnehmen kann. Es sind so unfaßlich viele Tiere, daß ich keine Zahl dafür weiß. Aber es müssen bestimmt noch mehr sein, als alle Leute im Ruckenbergtal Finger und Zehen haben. Und der Zug hört immer noch nicht auf. Das Unfaßlichste jedoch ist, daß die Rentiere hintereinander, gereiht wie auf einer Schnur, aus dem Gletscher auftauchen, ein Tier nach dem anderen.

Ich stehe auf, fasse den Speer, bemühe mich erst gar nicht um Deckung, habe auf einmal alle Müdigkeit und Erschöpfung vergessen und arbeite mich den Hang hoch. Ehe die ersten Tiere reagieren, bin ich auf Speerwurfweite heran. Doch da habe ich schon Ziel genommen und treffe einen Jährling mit solcher Wucht am Hals, daß das Tier auf die Hufe steigt, sich im Kreis dreht und mit einem Schlag zusammenfällt. Die nachfolgenden Tiere springen im Bogen an ihm vorbei, und dann bin ich an meiner Beute. Das Tier war auf der Stelle tot, die Speerspitze ist bis auf die andere Seite des Halses hindurchgedrungen. Es ist ein kleiner Bock, dessen Kopf bereits die ersten Geweihspitzen zeigt. Unterdessen drängen noch mehr Tiere vorbei, und von der Hanghöhe aus sehe ich auch, woher sie kommen. Da öffnet sich eine Bruchfalte im Eis, durch die der Zug hinausdrängt. Ich atme auf. Jetzt habe ich beides zusammen gefunden: Nahrung und Weg. Denn wo Rentiere wandern, können auch Menschen laufen, und wo sie herkommen, da will ich hin. Zu dem Land, das jenseits der Gletscherberge ist.

Ich schleife das Rentiermännchen hangabwärts hinter mir her bis zu meinem Windschutz. Als ich mich aufrichten will, wird mir schwarz vor den Augen, der Speer fällt aus meiner Hand, und ich sinke in Bewußtlosigkeit, die mich wie ein warmer und dunkler See umfängt. Ich weiß nicht, wie lange ich am Boden bin, aber als ich zu mir komme, hänge ich mit dem Oberkörper über dem toten Tier, und seine Haut ist erkaltet. Beim Aufstehen faßt der Schwindel aufs neue nach mir. Ich kann mich einfach nicht auf den Beinen halten, und meine Arme zittern. Ich bette mich noch mal auf das tote Tier und warte, daß mir besser wird. Dann krieche ich zur Tasche, ziehe sie hinter mir her und breche mit einer Klinge die Bauchhaut auf, presse meinen Mund gegen das austretende Blut, sauge und schlucke, bis ich wieder Kraft in mir spüre. Später versuche ich ein Feuer in Gang zu bringen, um mich aufzuwärmen. Doch ich kann das Hüttenholz nicht zum Brennen kriegen, es hat zu lange im Schnee gelegen. Aber immerhin kann ich mich satt essen. Ich erstatte der Mutterfrau das Herz des Böckchens zurück und stärke mich an den warmen Innereien. Einen Teil vom Fleisch schneide ich in dünne Streifen und lasse sie vom Eiswind einfrieren, damit sie mürbe werden. So kann ich in den nächsten Tagen von meinem Vorrat leben, ohne mich mit Nahrungssuche aufhalten zu müssen. Es drängt mich, die Spur der Rentiere über den Gletscher zurückzuverfolgen, doch erst muß ich wieder zu Kräften kommen, muß ruhen und schlafen, bis ich morgen ins jenseitige Land aufbreche.

Bei den Flußleuten

Ich benötige nur einen halben Tag, um die Gletscherschlucht zu durchqueren. Es geht bergab, und die Rentiere haben einen festen Pfad in den Schnee getreten, dem ich mühelos folgen kann. Nach einer Schlafzeit und noch einem halben Tagesweg öffnet sich mir das neue Land. Eine weite Ebene läuft von Mittag nach Mitternacht und wird zu beiden Seiten von runden Gebirgsrücken begleitet. Mittlerweile bin ich auf weitere menschliche Spuren gestoßen. An einem Steinbrocken hing ein abgeschabter roter Tragriemen, und unter einem kleinen Felsdach entdecke ich zusammengebackene Aschenreste.
Ein grünes, wildreiches Land ist es, das mich begrüßt. Es schickt mir warmen Wind, Blütenduft und das ohrenbetäubende Geschrei ungezählter Vögel entgegen. Der ganze Himmel ist ein einziges Flügelgeflatter, und auf den Rispengräsern schaukeln bunte Schmetterlinge. Die Menschen, die hier leben, müssen anders sein als wir, sage ich mir, während ich mit den Augen einen Hengst verfolge, der mit seinen drei Stuten und zwei Saugfohlen grasend vorbeizieht. Die Mutterfrau teilt in dem grünen Land ihren Lebewesen mit vollen Händen aus, versorgt sie mit so viel Überfluß, daß es den Leuten der Ebene an Nahrung, Kleidung und Zeltdecken nicht fehlen kann. Doch meine größte Überraschung ist der unfaßbar üppige Pflanzenwuchs. Überall treffe ich auf hochgeschossenes, stämmiges Holz, das seine Äste so weit in die Luft

streckt, daß die Laubzweige über meinem Kopf ein richtiges Dach bilden. Um Speer- und Hüttenholz braucht sich hier wirklich niemand zu sorgen. Ich bin wie betäubt von den vielen fremdartigen Eindrücken und frage mich, was für Menschen ich hier antreffen werde. Ob sie mich bei sich dulden werden?

Ich bin vor einem Baum stehengeblieben, untersuche die tief gefurchte Borkenrinde und hocke gleich darauf mitten in seinen Zweigen. Die Wolfstiere überraschten mich so lautlos, daß ich Speer und Bündel auf der Stelle fallen ließ, in die Äste griff und mich bis ins Blätterdach flüchtete. Was sind das nur für widerliche Biester, denke ich böse, während ich auf die Tiere hinunterstarre, die nicht aufhören, mich lauthals zu verbellen. Bei uns in der offenen Tundra wäre mir das nicht passiert, da hätte ich das Rudel vorher ausgemacht. Hier in dem strauchigen, baumbestandenen Gelände muß ich lernen, umsichtiger und besser auf der Hut zu sein. Plötzlich teilt sich das Gebüsch, und zwei Leute, ein Mann und eine Frau, springen mit stoßbereiten Speeren hervor. Mir stockt der Atem, so unvorbereitet Menschen zu begegnen. Die beiden entdecken mein Bündel und einen Augenblick später auch mich. Merkwürdigerweise lassen die Wolfstiere die beiden unbehelligt, ja, sie gehorchen ihnen sogar, als die Frau sie in Menschensprache anschreit: »Packt euch! Weg von dem Baum!«

Der Mann faßt das größte Tier an den Ohren, zerrt es beiseite und ruft mir zu: »Du kannst absteigen, wir passen auf!«

Ich zögere, klettere zwei Äste tiefer, muß mir erst einen Ruck geben und lande dann mit einem Sprung neben meinen Sachen. Einen Atemzug lang stehen wir uns wortlos gegenüber, dann wirft die Frau mir ein Lächeln zu und sagt: »Die Mutter schütze dich. Kommst du über den Gletscher? Ich bin Mikel, und das ist Erk, der Mann, zu dem ich gehöre.«
»Die Mutter schütze euch ebenso«, grüße ich zurück. »Ihr seid gerade richtig gekommen. Ich hatte keine Ahnung, wie ich die Tiere loswerden sollte!«
»Sie machen viel Lärm, können aber nicht viel anrichten«, meint der Mann Erk. »Die Reißzähne sind ihnen ausgebrochen.«
Jetzt erst begreife ich, daß die Wölfe zu den beiden gehören, also von der Art jener Wolfshunde sind, die mit den Menschen zusammenleben. Aber das mindert meine Abneigung gegen die Tiere nicht. Ich streife meinen linken Ärmel zurück und zeige meine frisch vernarbten roten Bißspuren. »Mich haben sie neulich unter den Zähnen gehabt«, sage ich. »Da bin ich lieber gleich in die Äste.«
»Aber jetzt kennen sie dich und werden dich in Frieden lassen«, erklärt die Frau. »Du hast sie erschreckt, und dann war da dein schwarzes Gesicht.«
Tatsächlich, ich bin noch eingeschwärzt gegen den Gletscherbrand und hatte es völlig vergessen. Aber jetzt sehe ich meine schwarze Nase! Wie mag ich für die Leute wohl ausschauen in meiner abgerissenen Kleidung, den unförmigen Schuhhäuten und der Knochenkohle im Gesicht?
»Ich bin Qila, eine Heilerin, ich tanze und singe«, sage

ich. »Und es stimmt, ich komme vom Gletscher. Habt ihr eine Hütte, in der ich übernachten darf?«
Mikel hat ein rundliches, faltenloses Gesicht, und wenn sie redet, sieht man ihre leicht vorstehenden breiten Zähne. Sie muß jünger sein als der Mann, der schon graue Haare im Schopf hat und dessen Gesicht wie ein Erdklumpen ausschaut. Mikel und Erk sehen sich an und nikken sich zu.
»Sei unser Gast«, sagt der Mann. »Es ist lange her, daß ein Angakoq in unserer Siedlung war. Unsere besten Decken seien für dich. Laß mich dein Gepäck tragen, du hast einen weiten Weg hinter dir.«
»Wir waren gerade auf dem Heimweg«, erklärt Mikel. »Komm, wir haben es nicht weit.«
Sie gehen mir voran durchs Gebüsch, und die Wolfstiere schließen sich uns an. Sie begleiten die Leute freiwillig, so wie Tierjunge ihren Eltern nachlaufen, obwohl die beiden doch Menschen sind.
»Da, wo ich herkomme, sind Wölfe und Menschen einander feind«, berichte ich. »Was macht ihr mit den Tieren, daß sie auf euch hören?«
Mikel sieht mich verwundert an und erkundigt sich: »Habt ihr keine Wolfshunde, die eure Zeltstangen und Schlitten schleppen und eure Wege begleiten?«
»Nein«, sage ich. »Es waren Fremde bei uns mit ihren Schlittenwölfen, aber wir wissen nicht, wie man die Tiere hält.«
»Die Wolfshunde sind unsere Freunde«, sagt Mikel. »Du wirst bei uns keine Hütte ohne sie finden. Ich kann mir

nicht vorstellen, wie wir ohne sie auskommen sollten.«
Ich mag Mikel vom ersten Augenblick an. Sie hat eine gute Stimme, und wenn sie lacht, ist ihr ganzes Gesicht fröhlich. Es ist gut, daß ich bei den beiden bleiben kann, bis ich sehe, was weiter aus mir wird.
»Beim Mooswald dort hinten, da stehen unsere Hütten«, zeigt Erk. »Vor dem kleinen See erkennst du schon unseren Zaun.«
Ich zähle sieben Dächer. Blaue Rauchschwaden hängen in der Luft. Mikels und Erks Wolfshunde hetzen los und werden von ihren Artgenossen bekläfft, von denen ein riesiges Rudel den Zaun umkreist. Da muß ich durch, denke ich entsetzt und vergehe vor Furcht, als die ganze Meute jaulend auf mich losfährt.
»Sag ihnen, sie sollen weg!« schreie ich Erk zu.
»Aber sie müssen dich doch kennenlernen«, ruft er. »Sonst kannst du hier keinen Schritt tun. Laß es zu, daß sie dich beschnuppern.«
Ich lasse es zu, bin aber heilfroh, als ich endlich über ein paar Trittstufen auf den Hüttenplatz gelange und feststelle, daß die Tiere draußen im Gelände bleiben.
Erk bemerkt, wie ich aufatme, und deutet über den schulterhohen Zaun. »Auf den Hüttenplatz dürfen sie nicht«, erklärt er. »Sonst stecken sie in alles ihre Nasen, und kein Stück Fleisch ist vor ihnen sicher. Nur solange sie noch klein sind, halten wir sie bei uns am Herd, damit sich die Tiere an Menschen gewöhnen.«
Im Schatten schaben zwei Frauen ein Fell, gucken neugierig herüber, Kinder rennen auf uns zu.

»Die meisten Leute sind am Fluß beim Fischstechen«, sagt Mikel. »Komm erst einmal ins Haus. Ich gebe dir Sachen zum Wechseln, damit du aus den schweren Schneekleidern kommst. Dir muß ja viel zu heiß in den dicken Hosen und Jacken sein.«
Ich nicke dankbar, lasse meine Kleider vor ihrem Eingang liegen und laufe nackt zum See, der gleich bei Mikels Haus liegt. Das Wasser ist frisch, aber nicht frostkalt, und es ist tiefer, als ich gedacht hatte. Ich kann sogar etwas schwimmen und auf den klaren Kiesgrund tauchen. Die Kinder sind mir nachgesprungen, treten Wasser und spritzen, balgen sich ausgelassen und schreien einander zu. Ich habe so lange Zeit keine menschlichen Laute, Worte und Lachen gehört, daß mir bei dem Lärm fast die Ohren abfallen.
Ich kraule bis an den Schilfrand und bemerke, daß der Zaun den ganzen See umschließt. Er besteht aus so vielen kreuz und quer ineinandergesteckten Knüppeln und Ästen, daß nicht mal der Fuchs dazwischen ein Schlupfloch fände. Die Flußleute müssen viel freie Zeit haben, um derart langwierige Unternehmen auszuführen. Sie brauchen sich wohl nicht ohne Unterlaß um die tägliche Nahrung zu mühen wie wir.
Abends an Mikels Herdfeuer verliere ich bald die Scheu vor den fremden Gesichtern und den unvertrauten Stimmen. Es macht mir nichts aus, von den vielen Leuten, die unter ihr Dach gekommen sind, ausgefragt und besehen zu werden. Natürlich wollen sie alle erfahren, woher ich komme, wie lange ich unterwegs bin. Ich rede, erzähle

unbefangen und ohne zu stocken, gebe Auskünfte, lache, schildere das Leben meiner Leute im Gletscherland und vergesse beinahe, daß ich nicht mehr zu ihnen gehöre. Keiner fragt, warum ich unser Tal verlassen habe und was ich in der Fremde suche, denn ein Angakoq folgt den Stimmen, die ihn rufen. Was die Leute wundert, sind unsere verschiedenen Gewohnheiten, zum Beispiel, wieso wir keine Wölfe als Haustiere halten. Und was man überhaupt nicht versteht, ist die Tatsache, daß wir in der Tundra fast völlig ohne Holz auskommen müssen und die Hüttenstreben der kostbarste Besitz einer Familie sind.
Ja, es sind freundliche, umgängliche Menschen, zu denen ich gekommen bin, und ich spüre, daß sie mir gern Gastfreundschaft erweisen. Zuletzt ziehe ich sogar meine Trommel hervor und singe. Erk schwingt die Rassel dazu, und zwischen uns entsteht dabei ein regelrechter Liederwettstreit. Mir fallen die lustigsten Sachen ein, und als ich den Leuten vortanze und singe, wie ich ein tiefgefrorenes Wollnashorn speere, lachen die Flußleute, daß ihnen die Tränen kommen.
Als die Hütte sich später leert, geht Bärenhaut, ihr Sprecher, auf mich zu und meint: »Heilerin, bleibe die Sommerzeit über, wenn du magst. Wir stellen dir eine Hütte zu den unsren. Du wirst genug zu tun finden, und wir werden dich dafür mit allem, was du brauchst, versorgen.«
Ich nicke dem alten Mann zu und freue mich. Ich bleibe gerne hier.
Bereits am nächsten Tag kann ich meine eigene Hütte beziehen. Sie steht neben Mikels, dicht am Seeufer. Man

hat mich reichlich mit Einrichtungsgegenständen versorgt, so daß es mir an nichts fehlt. Mir fallen unter dem Hausrat die vielen Holzsachen auf. Sie fühlen sich ganz anders an als unsere Geräte, die wir fast ausschließlich aus Geweih und Knochen herstellen. Die Sachen der Flußleute wirken dagegen viel leichter und zerbrechlicher. Mit einem Gegenstand weiß ich allerdings überhaupt nichts anzufangen, soviel ich ihn auch drehe und wende. Es ist ein kurzer, dicker Stab aus Rentierhorn, in dessen stumpfes Gabelende man ein dickes Loch gebohrt hat. Der Lochstab ist aber überaus sorgfältig und glatt gearbeitet und scheint eine wichtige Aufgabe zu haben.
»Was macht ihr damit?« erkundige ich mich bei Mikel, die mir einrichten hilft.
»Das ist ein Schaftglätter für den Speer«, erklärt sie mir. »Das Holz wächst meist nicht ganz gerade. Man erhitzt es, steckt den Schaft durch das Loch hier und kann ihn damit in die richtige Form biegen. Wir nennen den Schaftglätter auch das Auge-der-Mutter. Du wirst so einen Lochstab an jedem Herdfeuer bei uns finden. Wir glauben, daß uns die Mutter durch sein Auge ansieht.«
Ich habe Mikel meine kleine Mutterfrau gezeigt, und sie nickt zustimmend, als ich den Stab und die kleine Figur nebeneinander an meinem Herdplatz aufstelle.
»Die Mutter möge dir gut sein!« wünscht sie mir. »Sie lasse deinen Leib viele Kinder tragen.«
»Sie hat mich noch nicht für den Mond geöffnet«, sage ich. »Vielleicht wird sie es jetzt in dieser Hütte tun.«
»Ich habe bisher noch kein einziges Kind austragen kön-

nen«, vertraut mir Mikel an. »Erk hat drei große Kinder, die in einer Siedlung weiter flußabwärts wohnen. Ich hätte aber auch gern ein Kind mit ihm. Doch unsere Kindeskeime wollen bei mir nicht anwachsen. Jetzt bin ich wieder schwanger und habe schon den vierten Mond gezählt. Ich habe Angst, daß unser Kind wieder nicht bei mir bleiben will. Das ist mir nun schon fünfmal passiert. Es drückt sich heraus, hat Gesicht, Finger und Zehen, aber es ist noch so winzig, nicht größer als meine Handspanne. Da kann es doch noch nicht draußen leben!«
»Die Mutter schütze euer Kind«, wünsche ich ihr mitfühlend.
»Du bist ein Angakoq, Qila, du wirst mir diesmal helfen«, meint sie zuversichtlich. »Ich mußte gleich an unser Kind denken, als ich hörte, daß du eine Heilerin bist.«
Ich weiß nicht, was ich ihr antworten soll. Aber der Angakoq hat gesagt, ich werde lernen, und das will ich. Ich lächele Mikel zu, und sie strahlt.
»Oh, gut, daß du gekommen bist«, ruft sie, nimmt mich in die Arme und drückt mich. »Und du kannst wirklich helfen?«
»Ich will es versuchen«, verspreche ich ihr. »Ich werde dein Kind in dir festtrommeln.«
»Festtrommeln?« wiederholt sie. »Ja, das hört sich richtig an. Das mußt du tun. Wirst du gleich damit anfangen?«
»Nein«, antworte ich. »Erst soll hier alles fertig sein, und heute abend setze ich mich zu dir.«
Mikel muß ihre Neuigkeit sofort unter die Leute gebracht haben. Eine Frau kratzt an der Hüttenwand und zeigt mir

ihre verdorrte Hand. Ich muß ihr sagen, daß die Krankheit zu alt ist und ich nichts für sie tun kann. Ein Mann führt mir seinen ausgerenkten Ellbogen vor. Ich richte das Gelenk mit zwei, drei Handgriffen wieder ein. Ich weiß selbst nicht, wie ich das anstelle. Meine Hände merken von allein, was sie tun müssen. So geht es den ganzen Tag. Und als es Abend wird und Mikel mit Erk an meinem Herdfeuer sitzt, kommen noch so viele Leute dazu, daß die Wände sich beulen.
Ich kenne bereits alle Gesichter und sogar schon ein paar Namen dazu. Auf Mikels Seite sitzt Federfrau, die mir geholfen hat, die Wandhäute festzuzurren. Ihr Mann heißt Schwergewicht, und Bärenhaut, der Älteste von den Flußleuten, hat seine Tochter Kurz-Kinn und seinen Sohn Noluk mitgebracht. Viele Flußleute haben Namen wie wir, andere aber auch solche Rufnamen wie Süße-stehende-Wurzel, Drei-Feuerstein und Hinkebein. Mikel sitzt erwartungsvoll da, während die übrigen plaudern, kleine Arbeiten verrichten oder an einem süßen Markknochen saugen.
»Was muß ich jetzt tun?« fragt Mikel.
»Du mußt nichts machen«, erkläre ich ihr. »Die Trommel spricht mit deinem Kind. Du mußt nicht mal zuhören. Du kannst mit den anderen reden und alles tun, was du gerade willst.«
Ich schließe die Augen, lehne mich zurück und wecke meine Trommel mit den Fingerspitzen, bis sie mich deutlich hört.
»Da bist du ja«, flüstere ich ihr zu. »Drüben am Feuer

sitzt Mikel. Es ist ein Bauchkind in ihr. Sprich mit ihm. Aber sacht, es kennt dich noch nicht.«
Während die Trommel zu reden beginnt, stelle ich mir das Kleine vor. Rund gekringelt, Arme und Beine angezogen, den Kopf auf den Knien liegt es in Mikels Leib.
»Du bist in deine Mutter gekommen«, sagt ihm die Trommel. »Sie ist dein Herdplatz. In ihrer Höhle kann nichts Böses an dich kommen. Du liegst warm und sicher, auch wenn es draußen schneit und die Raubkatze schleicht. Deine Mutter hat eine feste Mauer vor den Höhlenmund gestellt.«
Meine Finger wandern weiter über die Trommel. Ich öffne die Augen und sehe Mikel an. Sie hat ihre Hände über ihrem Bauch gefaltet und hört auf ihr Kind. Ob es sich regt, wenn die Trommel zu ihm spricht?
»Wenn du willst, kannst du dich drehen, deine Beine und Arme bewegen«, sagt ihm die Trommel. »Da ist Platz genug für dich, Kleines. Du wirst in deiner Mutter wachsen und groß werden, du hast Platz, soviel du brauchst.«
Jetzt sehe ich Mikels Kind ganz deutlich. Ich muß nicht mal die Augen schließen.
»Trommle seiner Mutter Iwis Bindelied«, sage ich dem Trommelauge. »Sprich zu dem Bauch, daß seine Bänder und Muskeln sich binden, trommle ihr Kind fest bis an den Mond, der beide trennt.«
Meine Hände folgen der Trommel, und die Worte dazu stellen sich von selber ein. An diesem Abend bin ich zur Heilerin geworden, ich gehorchte der Kraft und habe dabei nicht überlegen müssen, was ich tat.

Zwischen mir und dem Kind, das bei Mikel wohnt, hat sich ein Band geknüpft, das in den folgenden Tagen immer fester wird. Meist wird es Abend, bis ich meine Trommel hole und mich zu Mikel setze. Erk, ihr Mann, ist der Geschichten-Erinnerer der Flußleute. Ich vergleiche ihn mit Ome, unserem Ältesten. Aber Erk ist anders. Er weiß nicht nur seine eigenen Erlebnisse und Jagderfahrungen zum besten zu geben, sondern berichtet auch von Dingen, die vor langer Zeit geschehen sind.
»In der Welt vor dieser Welt gab es zwei Kinder«, erzählt Mikels Mann eines Abends. »Sie waren vom selben Leib und Schenkel, von derselben Brust, ein Mädchen und ein Junge. Als sie größer wurden, wollten sie sich zusammenlegen, wie es ihre Eltern taten, aber die Mutter verbot es ihnen. Sie schickte das Mädchen an die eine, den Jungen an die andere Seite der Welt. Doch die beiden konnten ihren Wunsch nicht vergessen. Sie gingen um die Welt, und eines Tages trafen sie sich. Das Mädchen zog seine Kleider aus, der Junge zog seine Kleider aus. Dann legten sie sich zusammen, wie es ihre Eltern taten. Da kam die Mutter dazu. Sie wurde sehr zornig. Sie warf den Jungen an den einen, das Mädchen an den anderen Himmelsrand. Da wurden sie zu Sonne und Mond, die sich bis heute suchen und nicht finden. Der zunehmende Mond läuft der Sonne hinterher, der abnehmende geht ihr voraus. Und wenn der volle Mond aufsteht, geht die Sonne hinter den Bergen schlafen. So geschieht es Jahr um Jahr. Die meisten Jahre zählen dreizehn Monde, einige aber auch

nur zehn oder elf. Der Junge und das Mädchen haben bis heute ihren Wunsch nicht vergessen. Manchmal begegnen sie sich auch. Dann legt sich die Sonne auf den Mond oder der Mond auf die Sonne. Sie verbergen ihr Licht, damit die Mutter nicht sieht, was geschieht. Dann wird es dunkel auf der Erde. So begann es vor dieser Welt, und so wird es bleiben, solange das Gras wächst und das Wasser fließt.«

Die Flußleute haben Erks Geschichten sicher schon oft gehört. Aber wenn er erzählt, ist es so still, daß man draußen den Wind hört, der um die Hütte geht.

Ich habe die Trommel beiseite gelegt, lehne mich zu Mikel hinüber und frage sie: »Wie machst du das, wenn du die Kindesmonate zählst?«

»Das ist nicht schwer«, antwortet sie. »Wenn eine Frau merkt, daß sie nicht mehr mit dem Mond geht, schaut sie auf die Nachtsonne und beginnt von da an zu zählen. Sie zählt neun Monde, und im zehnten beginnen die Wehen.«

»Und wann wird das für dich sein?« erkundige ich mich.

»Im Winter, wenn die Rentiermänner ihr Geweih abwerfen. Dann bin ich soweit, wenn du mein Kind gut festgetrommelt hast, daß ich es nicht verliere«, sagt sie und schaut mich bittend an. »Ich habe noch immer soviel Angst um unser Kind«, gesteht sie.

Ich spreche ihr Mut zu und rate ihr: »Du solltest jetzt während der letzten Monate nichts zerteilen oder zerschneiden, damit dein Kind es sich nicht von dir abguckt.«

»Nichts schneiden?« wiederholt sie ungläubig. »Qila,

aber dann müßten meine Hände ja den ganzen Tag ruhen!«
»Dann laß sie ruhen«, antworte ich. »Laß sie binden, nähen, knüpfen, Essen verrühren. Das alles ist gut. Aber du solltest kein Fleisch oder Leder trennen und vor allem kein Blut vergießen. Wenn du dich daran hältst, helfen wir beide, du und ich, daß dein Kind sich nicht losreißt.«
Mikel begreift plötzlich und nickt. »Ich verstehe dich«, sagt sie. »Ich will versuchen zu befolgen, was du sagst, obwohl es nicht leicht sein wird.«
»Aber es sind ja Leute da, die dir helfen«, erwidere ich und werfe ihr ein Lächeln zu.
Mikels Tabu, das ihr Trennarbeiten und jede blutige Verrichtung untersagt, spricht sich schnell herum, und bald zeigt sich, wie unbegründet ihre Sorge war, sie käme nicht mehr mit ihrem Haushalt zurecht. Die Leute gehen ihr unaufgefordert zur Hand, wann immer sie Hilfe braucht. Und weil unsere Hütten gleich nebeneinander stehen, trifft es sich oft, daß Mikel sich an mich wendet, wenn es gilt, einen Sehnenfaden abzuschneiden oder eine Ente zu rupfen. So sind wir viel zusammen, und aus unserer Zuneigung wird eine feste Freundschaft.
Allmählich zähle ich schon nicht mehr, wie viele Tage ich bereits bei den Flußleuten bin. Ich lebe gern bei ihnen, fühle mich zu Hause und merke, daß mich die Leute mögen. Wenn ich nicht bei Mikel sitze, streife ich mit den Jägern oder auf eigene Faust durch die Gegend und mache mich mit dem Land vertraut.
Selbst an die Wolfshunde vorm Zaun habe ich mich ge-

wöhnt. Seit ich zum erstenmal allein an den großen Fluß in der Mitte der Ebene ging, läuft ein einzelner Jungwolf hinter mir her. Ich werde ihn nicht los. Zuerst war er mir lästig, dann beachtete ich ihn einfach nicht mehr. Aber es hilft nichts, er bleibt mir ständig auf den Fersen. Ich spüre kein Verlangen, mit dem Tier Freundschaft zu schließen, wie das die Flußleute gelegentlich mit einzelnen von ihren Wolfshunden tun. Aber ich gebe ihm einen Namen und rufe ihn »Wölfchen«, wenn ich mit ihm sprechen will. Doch Wölfchen kümmert sich wenig darum, was ich ihm sage. Er bleibt auf Abstand zu mir, und als ich mich einmal zu ihm hocken will, zeigt er mir die Zähne und knurrt mir ins Gesicht. Ich frage mich, was ich mit dem Tier anstellen soll. Erk weiß es auch nicht, und die anderen Leute zucken mit den Schultern. Manchmal ertappe ich mich bei dem Wunsch, Wölfchen möge weniger zurückhaltend sein. Ich pfeife ihm jetzt auch schon, wenn ich über den Zaun steige. Meistens folgt er mir dann auch. Aber sicher ist das nie. Ein andermal sieht er mich wieder an, als wäre ich Luft für ihn.
Meinen Speer stelle ich am liebsten mit Noluk und Schwergewicht zusammen. Noluk ist ein ernsthafter junger Mann, bedächtig wie sein Vater Bärenhaut. Er hat einen sicheren Schritt und redet nicht viel. Schwergewicht dagegen läßt seiner Zunge freien Lauf und redet selbst dann noch weiter, wenn ihm schon längst keiner mehr zuhört. Er sieht tatsächlich aus wie sein Name, doch wenn wir Wild anpirschen, tritt sein Fuß so geräuschlos auf wie eine Katzenpfote.

Beide waren dabei, als die Flußleute im vorigen Monat zwei Mammute erlegten. »Das hättest du sehen sollen, diesen Riesenhaufen Fleisch!« erzählt Schwergewicht und rollt die Augen. »Dem Winter können wir getrost entgegensehen.«
Die Flußleute haben das Fleisch gedörrt oder mit den Knochen in ihre bis aufs Grundeis führenden Vorratsgruben eingelegt. So haben die Jäger in diesem Sommer eigentlich nur für den täglichen Nahrungsbedarf zu sorgen, und dafür kommen sie ohne große Mühe auf. Ich vergleiche den Wildreichtum des grünen Landes immer wieder mit dem kargen Auskommen, das wir in der Tundra finden, und wünschte mir, meine Leute wären hier. Denn das Land könnte außer den Flußleuten auch sie unterhalten.
Beim Pirschen und Spurenlesen bin ich Schwergewicht und Noluk voraus, auch mit dem Wurfholz bin ich rascher. Dafür haben die Speere der beiden eine größere Weite und Durchschlagskraft. Sie benutzen dabei ein Gerät, das man hierzulande Speerschleuder nennt. Es besteht aus einem etwa halbarmlangen Griff, der am Ende über einer Kerbe in einen umgebogenen Dorn ausläuft, gegen den das Schaftende zu liegen kommt. Wenn einer damit ausholt, ist das, wie wenn er mit verlängertem Arm werfen würde, und das verdoppelt die Schwungkraft des Speeres. Ich lerne erst langsam mit dem Schleuderstock umzugehen. Schwergewicht und Noluk sind dagegen von Kindesbeinen an mit dem Gerät vertraut. Alle Jäger der Flußtalleute benutzen es, und das seit Menschengeden-

ken, wie Erk mir erklärt. Ich wundere mich, daß wir in unserem Tal am Ruckenberg ein so einfaches Gerät nicht kannten, wie überhaupt so manches, was den Flußleuten als selbstverständlich erscheint. Die Speerschleuder hätte uns sicher geholfen, manche Hungerzeit besser zu bestehen.

Wenn ich von meinen Streifzügen heimkehre und über den Zaun steige, gehe ich am liebsten zu Erk und höre seinen unerschöpflichen Geschichten zu. Meistens nehme ich mir dabei eine Schnitzarbeit vor. Aus dem Zahn, den ich in der Bärenhöhle gefunden hatte, schnitze ich einen Lachs zurecht, und aus der Gabelung des Lochstabs schauen jetzt zwei Bisons hervor, während sein senkrechtes Endstück in einen langgestreckten Pferdekörper ausläuft. Bei meinen Wanderungen bin ich ständig auf der Suche nach Ocker und anderen Erdfarben, und auf den Lederwänden meiner Hütte fliegen Vögel, springen Wildkatzen und Steinböcke. Ja, vor dem abendlichen Trommeln habe ich Mikel einmal sogar mit einer ölgetränkten Feder die Gestalt eines Kindes auf den Bauch gemalt, der inzwischen immer voller und runder wird. Die meiste Zeit widme ich der Arbeit an meiner Speerschleuder. Ihr Ende soll in einen umgebogenen Vogelkopf auslaufen, der mit dem spitzen Schnabel in die Wurfrichtung des Schaftes schaut. Aus Holz hätte ich das Gerät schnell geschnitten, aber ich denke, daß ein Knochenstück sehr viel haltbarer sein wird. Ich glaube, den Flußleuten sind meine Hände ein wenig unheimlich. Ein Mann, der wegen einer Wundbehandlung zu mir in die Hütte kam, hat laut aufgeschrien und nach seinem Wurfholz gefaßt, als er sich plötzlich einer anspringenden Raubkatze gegenüber sah. Und Erk, der mir gelegentlich über die Schulter schaut, meint eines Abends: »Die Bilder bewegen sich aus deinen Händen heraus auf die Dinge!« So empfinde ich es auch. Es ist, als wollten meine Hände alles, was sie berühren, mit Farbe, Bildern und Figuren versehen.

Der Winter meldet sich an. Ich bin immer noch bei den Flußleuten. Die anfrierenden Ränder des Sees vor meiner Hütte zeigen, daß der Sommer aufgebraucht ist. Der Frost hat vor seiner Zeit eingesetzt, erklärt Erk, der die Monde zählt. Lange vor dem Mond, in dem sich die Rentiere decken. Eishaut überzieht Äste und Zweige, Nebel rollt von den Bergen zum Fluß, kalte Winde rütteln an den Hüttenwänden, Steine frieren im Boden fest. Der erste Schnee fällt, die Erde wird weiß. Sieben kalte Wintermonate werden vergehen, bis die Erde wieder das Eis aufbricht.

An einem dieser Winterabende ruft mich Noluk, mein Jagdgefährte, zu seiner jungen Frau. Eine Krankheit hat sich in Ivalus Bauch gesetzt. Sie schüttelt ihre schmale Gestalt, brennt in den Eingeweiden und reißt an ihnen. Ivalu schaut mich fiebrig an, sie erkennt mich nicht.

»Du siehst, was die Krankheit mit ihr macht«, sagt Noluk zu mir. »Wirst du helfen?«

»Wenn ich kann«, antworte ich. »Hat ihr Magen Essen ausgebrochen?«

»Nein.« Noluk schüttelt den Kopf. »Sie hat aber auch seit Tagen nichts angerührt.«

»Zieht sie aus«, sage ich den Frauen am Herd. »Ich muß ihre Haut sehen.«
Ich wasche meine Hände in Rauch, knete die Finger und reibe meine Handflächen, bis sie rot und warm sind. Ivalu wimmert, während meine Hände ihren Körper erkunden, um den dunklen Ort der Krankheit zu finden. Etwas sitzt eine Handbreit unter ihrem Nabel und macht ihren Bauch hart.
»Zieht sie wieder an«, sage ich. »Und setzt sie auf, daß sie mich hört.«
Ich kauere zwischen Ivalus gespreizten Beinen, stelle die Trommel zwischen die Knie und rufe die Trommelstimme. Ivalu sitzt zurückgelehnt, den Kopf halb im Nacken, und ihre Lider zucken. Ich folge dem Klang der Trommelhaut, die mich in ihr Inneres, an den Krankheitsort führt, und lasse die Trommel fragen: »Wer versteckt sich da? Zeige dich!«
Die Trommel geht eine lange Zeit, die Leute im Raum unterhalten sich mit gedämpfter Stimme, und ich spüre, wie sich meine Seele bewegt, um ins Dunkle zu gehen.
Plötzlich öffnet Ivalu ihre Lippen. »Ein Bär steht über mir«, klagt sie laut. »Seine Krallen reißen an mir. Sie stehlen mir die Eingeweide.«
»Sieh genau hin«, sage ich. »Wie sieht das Tier aus?«
»O nein«, wimmert sie auf. »Ich will ihn nicht sehen.«
»Doch, sieh genau hin«, verlange ich. »Erzähle, was du siehst.«
»Er hat sein Sommerfell, ist fett und rund, weiße Haare sind um die Nase«, weint sie. »Mehr sehe ich nicht.«

Jetzt nehme auch ich das Tier wahr. Die Trommel spricht laut in meinem Kopf. Ich spüre, wie mich die Kraft von den Füßen her durchdringt, stehe in der Hütte, ein großer Vogel fliegt, die Eule schreit, und der Schmerz in meinem Kopf nimmt zu. Dann bin ich draußen von mir, tanze vor dem Bären, brumme, schnaufe, mir wird heiß unterm Fell, die Zunge hechelt. Ich trommle dem Bären, meine Füße stampfen den Bären, ich singe dem Bären, ich selbst bin der Bär, tanze und singe für Ivalu:

»Der Bär steht auf nächtlichem Pfad,
auf seinem nächtlichen Pfad steht der Bär.
Der Bär steht in seinem Fett,
in seinem schweren Fett steht er da.
Er geht, und seine Tatzen stampfen die Erde.
Sein Bauch ist fett,
das spitze Maul steht voll dicker Zähne.
Das Bärenfett,
das starke Bärenfett träufelt und fließt.
Dein Bauch tut weh und brennt.
Das Bärenblut kocht,
das Bärenfett läuft über dich.
Das starke Bärenfett wäscht deinen Bauch,
wäscht die Krankheit heraus.
Sein Fett ist wie Öl,
starkes weiches Öl,
dein Bauch wird weich,
er brennt nicht mehr.
Du wirst gesund.«

So singe und trommle ich und stampfe die ganze Nacht hindurch. Ich nehme nichts wahr als diese Frau und den Bären, der ich bin. Das mächtige Etwas hat meinen Kopf aufgebrochen.

Gegen Morgen höre ich mich einen heulenden Schrei ausstoßen, einen Schrei, der mir den Rücken biegt. Ich stöhne und falle in meinen Körper zurück, der zu Boden schlägt, weh tut, als wäre ich in lauter kleine Stücke zerrissen.

Arme nehmen mich auf. Ich erkenne verschwommen Noluks Gesicht. Er trägt mich in meine Hütte und bettet mich in mein Schlafloch.

Es ist, wie der Angakoq vorausgesagt hat. Es wird auch weiterhin weh tun. Jedesmal, wenn ich meine Hände gebrauche, Gelenke, Bänder, Knochen einrichte, spüre ich, wie die Kraft durch mich geht, aber ich muß dabei sein, den Schmerz des Kranken fühlen, die dunklen Krankheitsorte aufsuchen, und das kostet mich meine ganze Kraft.

Es tut am wehesten, wenn ich aus mir heraustreten muß, um den Heiltanz zu finden, der zu dem Kranken gehört. Aber ich habe keine Angst mehr vorm Fliegen. Die Kraft befiehlt mir, doch ich kann sie lenken.

Ich habe Ivalu geholfen, den Schmerz sichtbar zu machen, ihre Krankheit in der Gestalt des Bären zu sehen. Gegen Unsichtbares, das kein Gesicht hat, kann man sich nicht wehren, jetzt aber kann sie widerstehen und kämpfen. Den Anfang habe ich gemacht, ich habe die Heilung eingeleitet, und was noch bleibt, muß die junge Frau sel-

ber tun. Sie muß ihre Kräfte mit dem Bären messen und ihn überreden, von ihr abzulassen.
Und tatsächlich kehren Ivalus Lebensgeister im Lauf der nächsten Tage zurück. Noluk sitzt bei ihr, Frauen legen Kräuterwickel auf und kochen Tee, und zwischendurch besuche ich sie mit der Trommel, die ihr weiter Mut zuspricht.
Ivalu verlangt nach Nahrung, läßt sich ihr Nähzeug reichen, und nach einer halben Mondbreite ist der Schmerz aus ihrem Bauch verschwunden, so daß sie wieder am Herdfeuer stehen kann.
Noluk bringt eine weiche Wolfsfelljacke, die mir bis über die Knie reicht. Ich möchte das Geschenk nicht annehmen, doch ich muß es tun, denn sonst bliebe Noluk in meiner Schuld. Und die Felljacke kann ich auch wirklich gut brauchen. Der sich verschärfende Frost zeigt an, daß jetzt die große Kälte kommt.
Jedesmal, wenn ich beim Heilen aus mir herausgegangen bin, habe ich hinterher das Bedürfnis, allein zu sein. Ich kann niemand um mich haben, will keinen Menschen sehen, mag mit niemandem reden. Ich muß mich bewegen, übers Land laufen, um die Anspannung loszuwerden. Höchstens Wölfchen kommt mit. Doch der stört nicht. Wenn ich später zurück über den Zaun steige, bin ich müde und matt, aber es geht mir wieder gut. Ich laufe zu Noluk und beschreibe ihm, wo ich auf Wild gestoßen bin, necke mich mit Mikel oder setze mich zu Erk, der seine Arbeit beiseite legt und eine seiner alten Geschichten hervorholt.

Wirklich, ich finde als Heilfrau unter den Flußleuten genug zu tun. Selten verstreichen zwei, drei Tage, ohne daß meine Hilfe verlangt wird. Ich merke, die Leute vertrauen mir. Und sie sind freundlich zu mir, laden mich an ihren Herdplatz oder besuchen mich. Kinder gucken mir beim Schnitzen oder Malen zu, und sogar Bärenhaut sucht mich dann und wann in meiner Hütte auf, unterhält mich mit Geschichten über Land und Leute und läßt sich mein Essen schmecken. Doch man läßt mich auch gehen, sobald es mich drängt, über den Zaun zu steigen, um mich freizulaufen.

Im Gebirgsstock am Totenkopf treffe ich auf meinen ersten Löwen. Ich war seinen im Schnee deutlich gezeichneten Spuren ausgewichen und stehe mit einemmal neben ihm. Das Tier beachtet mich nicht. Es hat seine Augen auf einen Mann gerichtet, der in Sprungweite der riesigen gelbbraunen Katze wie festgefroren dasteht. Meine Hände und Arme reagieren, ohne daß ich denken muß. Der Schleuderstab faßt den Speer und schickt ihn mit einem derartigen Schwung los, daß es mich fast umreißt. Die Waffe trifft den Löwen mitten im Flug. Aber es ist kein tödlicher Wurf. Das Tier erreicht den Jäger, seine Pranken wirbeln. Ich erreiche ihn mit stoßbereitem Messer und steche zu, einmal, zweimal, bis das Messer an einer Rippe abrutscht, steckenbleibt und zerbricht. Ich spüre einen heißen Schmerz, reiße den Speer heraus und treibe ihn dem röchelnden Tier ins Herz. Es stöhnt auf, Blut tritt zwischen seinen Lefzen aus, die Pfoten zucken, und dann liegt der Löwe bewegungslos über dem Körper des Fremden.

»Du, lebst du noch?« schreie ich, während ich vergeblich versuche, das tote Tier von ihm herunterzuziehen.

Ich bekomme keine Antwort. Mit dem Aufwand meiner ganzen Kraft schaffe ich es schließlich, den Mann unter dem Löwenkörper hervorzuzerren.

»Du, sag doch was!« schreie ich noch mal.

Aber dann sehe ich, daß er nicht antworten kann. Er muß es gerade noch geschafft haben, den Pranken halbwegs auszuweichen, doch das Rückenfleisch liegt von der rechten Schulter bis zur Hüfte blutig zerfurcht bloß.

Auch in meinem linken Ärmel klafft ein breiter, blutgefärbter Riß. Aber ich kann mich schmerzlos bewegen. Ich weiß nur nicht, was ich mit dem Mann machen soll. Tragen kann ich ihn nicht, doch lange hier liegen darf er auch nicht, sonst kommt Frost in die Wunden.

Ist überhaupt noch Leben in ihm? Ich knie mich in den blutigen Schnee und suche den Puls. Ja, da ist er. Sehr schwach, aber der Mann lebt. Und ich sehe, er ist noch jung. Wenn ich ihn bis zum Zaun bringe, mag er vielleicht überleben.

Ich laufe zu seinem Bündel, rolle eine Felldecke aus, breche Stangen aus dem Gebüsch, schiebe den Mann in Bauchlage auf das eilig zusammengebundene Gestell und ziehe den Körper hangabwärts ins Tal. Ich gehe vorn zwischen den Griffen, die Stangenenden schleifen im Schnee. Trotzdem ruckt es entsetzlich, und ich frage mich besorgt, wieviel Blut der Mann dabei noch verlieren wird. Überhaupt geht alles zu langsam. Ich treibe mich an, doch der schlaffe Leib rutscht immer wieder aus dem Gestänge, und ich muß den Mann schließlich an Armen und Beinen festzurren, damit es überhaupt weitergeht. Der Weg wird zur Qual. Lange bevor die Siedlung in Sichtweite kommt, bin ich am Ende meiner Kräfte. Der blutende Arm ist taub, und über mein steifgefrorenes Gesicht laufen Tränenstriemen.

Wäre ich nicht vor dem Mooswald einem von unseren Leuten begegnet, hätte ich mich neben dem Fremden in den Schnee gelegt und wäre nicht wieder aufgestanden. Aber plötzlich steht Schwergewicht vor mir. Er nimmt den Verwundeten über die Schulter. Ich selbst schaffe die letzte Wegstrecke gerade noch auf eigenen Beinen. Doch über den Zaun komme ich nicht mehr. Schwergewicht hebt uns beide hinüber und ruft die Leute zusammen. Uji, die Frau von Bärenhaut, ist unsere Wundnäherin. Sie zieht mir mit festen Stichen eine Sehnennaht über den Oberarm und überläßt mich darauf Mikel, um nach dem Fremden auf der anderen Hüttenseite zu sehen.

»Qila, was machst du nur«, heult Mikel los. »Soll ich unser Baby etwa ohne dich auf die Welt bringen?« Sie zieht meinen Kopf an ihren Bauch, fährt mir durchs Haar und reibt ihre Nase an meiner Backe. »Was ist überhaupt geschehen?«

»Erst muß ich schlafen«, sage ich matt. »Ich kann nicht mehr. Und der Arm tut so weh.«

»Ich bleibe bei dir«, verspricht Mikel. »Mach einfach die Augen zu.«

»Zeig Uji, wo meine Salbe ist«, kann ich gerade noch sagen, dann wird es schwarz um mich.
Ich habe tagelang das Gefühl zu schweben. Manchmal versuche ich zu sprechen, bringe aber kein Wort heraus. Ich höre Stimmen um mich, doch wenn ich die Augen öffne, verschwimmt alles, und ich weiß nicht, wo ich bin.
Meine Leute vom Ruckenberg besuchen mich. Sie holen mich ab. Ich darf wieder zurück über den Zaun. Milak nimmt mich in den Arm und geleitet mich zur Hütte. Buni sitzt am Herd und stillt ihr Kleines. Auf einmal merke ich, daß das Kind tot ist, wie ein ausgebleichtes Knochenstück liegt es in Bunis Arm, und sie kann das Kind nicht bewegen, ihre Brust anzunehmen. »Schuld daran bist du!« sagt sie und schaut mich anklagend an. Ich weine, drehe mich auf meinem Lager herum und rufe: »Ich bin's nicht! Ich bin's nicht!« Und wieder zerfließe ich, verteile mich über die Landschaft, schwebe und bin leicht, und ich weiß, ich werde jetzt den Weg ins Sonnenuntergangsland finden, gleite über die Hügel, der Dämmerstern flackert, und die Erdmutter tanzt.
Als ich zum erstenmal wieder zu mir finde, fühle ich mich sehr schwach, aber mein Kopf ist klar.
Ich sehe niemanden in der Hütte. Meine Bilder schauen mich an, der Steinbock an der Wand, wo meine Speere lehnen, und in der Ecke das kleine Murmeltier. Das Feuer ist geschürt, und neben mir liegen halbfertig genähte Fußlederstücke. Ich versuche aufzusitzen, wickele den Lederverband vom Arm und betrachte den vernähten Wundriß. Das Fleisch sieht noch schlimm aus, aber es

heilt. Ich lege den Verband nicht wieder an, damit Luft an die Wunde kommt, und hocke mich auf die Knie. Es geht, die Hütte wackelt nicht. Mir ist noch immer leicht im Kopf, aber ich bin richtig bei mir.
»Du bist ja aufgewacht«, höre ich eine Männerstimme hinter meinem Rücken und fahre herum. Auf dem Lager an der anderen Wand sitzt der Jäger, den ich aus den Zähnen des Löwen gerettet habe. Ich kriege keinen Ton heraus und falle zurück in meine Decken, die Wände drehen sich, und der Schweiß rinnt mir den Rücken herunter.
Ich spüre den Fremden in meiner Nähe, und als ich die Augen aufbekomme, kniet er neben mir und schaut mir besorgt ins Gesicht. »Das war zuviel für dich«, meint er. Seine Stimme klingt ganz gesund.
»Eigentlich müßtest du halb tot sein«, sage ich. »Dein Rücken war nur noch rohes Fleisch.«
»Ich weiß«, sagt er. »Doch bei mir ist kein Brand in die Wunden gekommen wie bei dir. Nur das Genähte tut noch weh.«
»Ich bin Qila«, sage ich. »Und wer bist du?«
»Ardjuaq bin ich«, antwortet er.
»Laß mich deinen Rücken besehen«, sage ich.
Ardjuaq zieht die Schultern hoch und lacht. »Schön wird es da hinten nicht aussehen«, meint er verlegen.
»Aber ich möchte mir den Rücken trotzdem ansehen«, sage ich. »Komm, dreh dich um.«
Uji hat die Wunden mit einem weichen, haarlosen Lederstück abgedeckt. Als ich es anhebe, durchfährt es mich vor Übelkeit. Die rechte Rückseite ist ein Gewirr von

Nähten, roten Wundstriemen, Krusten und tiefen Schrunden.

»Ich hab dir ja gesagt, es wird kein schöner Anblick sein«, bemerkt er.

»Es ist aber gut am Verheilen«, sage ich und fahre sacht über das rote Fleisch. »Tut das weh?«

»Nein«, antwortet er. »Aber unter der Schulter und den halben Rücken hinunter habe ich ein taubes Gefühl. Die ganze Seite spannt. Meinen Speer werde ich wohl nicht mehr halten können.«

»Das ist nicht gesagt«, versuche ich ihm Mut zu machen. »Heb den Arm an! Siehst du, es geht.«

»Halb hoch bekomme ich ihn«, erklärt Ardjuaq. »Aber richtig nach oben will er nicht.«

»Du mußt die Muskeln üben«, sage ich und decke seinen Rücken wieder ab. »Uji hat dich jedenfalls gut vernäht. Als ich dich unter dem Löwen hervorzog, sah es für dich nicht gut aus. Von deinem Leben war nicht mehr viel übriggeblieben.«

Kalte Luft zieht vom Eingang her. Schwergewicht steht unter dem Vorhang und stäubt sich den Schnee ab. »Du hast es ja endlich auch geschafft«, ruft er mir zu.

»Komm ans Feuer«, lade ich ihn ein. »Wie sieht es draußen aus? Schneit es sehr?«

»Dünnes Schneetreiben, mehr ist es nicht«, antwortet er und setzt sich breitbeinig an den Herd. »Ich habe übrigens den Löwen gefunden, falls du es noch nicht weißt«, berichtet er. »Ich bin am gleichen Tag über den Zaun zurück und den Schleifspuren nach. Das war ein ganzes

Stück Weg, bis ich den Kerl schließlich liegen sah. Du hast ihn übrigens gut getroffen, Heilerin«, meint er anerkennend. »Deine Speerspitze saß unterm Herzen, die Messerklinge genau drin. Ich habe ihm natürlich die Haut abgezogen. Federfrau hat sie gleich geschabt und gewalkt. Den Kopf haben wir drangelassen. Ein riesiger Kerl war das. Und was machst du mit seinen Zähnen? Und mit dem Fell?«

»Du redest wieder an einem Stück«, necke ich ihn. »Sag mir lieber, ob du meine Speerschleuder mitgebracht hast.«

»Das habe ich«, bestätigt er. »Da vorn liegt sie. Bei deinen Speeren.«

»Dann ist es ja gut«, sage ich beruhigt.

»Also, das war ein Einzelgänger, und die sind gefährlicher als ein ganzes Rudel«, redet Schwergewicht weiter. »Ich bin mit dem Fell zurück, habe es Federfrau gegeben, und da hängt es nun bei uns über dem Herdfeuer. Du hättest die Leute erleben sollen, die sich das ansehen wollten. Die haben mir bald die Hütte eingerannt.«

»Die Haut mit dem Kopf kannst du von mir aus behalten«, sage ich. »Wenn Ardjuaq sie nicht will.«

»Ich habe seine Krallen auf meinem Rücken«, meint der Jäger. »An dem Fell liegt mir nichts. Hauptsache, meine Speerhand kommt wieder in Ordnung.«

»Dann bleibt es also bei mir«, bekräftigt Schwergewicht zufrieden. »Ich habe den Burschen zwar nicht getötet, doch immerhin enthäutet. Das ist auch eine Erinnerung wert. Oben beim Totenkopf, Heilerin, mußt du mit Raub-

zeug rechnen. Da haben sie das ganze Tal im Auge, deshalb hat es dort schon öfter Löwen gegeben. Ich weiß, daß mein Vater, als Bärenhaut noch ein junger Mann war —«
»Nein, bitte nicht soviel reden«, unterbreche ich ihn. »Es sticht in den Ohren.«
Schwergewicht macht ein betroffenes Gesicht. »Es war ja nur wegen dem Fell«, meint er kleinlaut.
»Geh«, sage ich. »Schau, wo Mikel ist. Frag sie, ob sie zu mir kommt.«
Bald darauf steht sie bei mir. Ich glaube, ihr Bauch ist in der Zwischenzeit noch runder geworden. Wenn er nur nicht platzt.
»Ich habe Öl geholt«, erklärt Mikel. »Für Ardjuaqs Rükken. Und du hast deinen Verband abgenommen?«
Ich lege mich flach hin und atme aus. »Ich wollte auf die Beine, aber ich schaffe es nicht«, sage ich schwach. »Ich schlafe noch mal. Aber bitte bleib bei mir.«
Mikel kniet sich schwerfällig nieder und flüstert: »Eines mußt du aber noch hören. Das Kind hat sich gesenkt! In einer halben Monatsbreite kommt es. Du mußt dich beeilen, damit du bis dahin wieder auf bist!«
Ich lächele ihr zu und schlafe mit schönen Gedanken ein. Ich habe etwas, auf das ich mich freuen kann.
Ja, ich eile mich, gesund zu werden, und es mag sein, daß die Gesellschaft von Ardjuaq mir dabei hilft. Seine Sippe jagt auf der anderen Seite vom Totenkopfberg, der die Flußebene teilt. Doch Ardjuaq ist noch nicht so weit genesen, daß er durchs Wintereis heim zu seinen Leuten

könnte. Und meine Hütte wird mir auch nicht zu eng mit ihm. Ich mag seine sicheren Bewegungen und wundere mich nachträglich, wie der Löwe ihn überraschen konnte. Denn alles an Ardjuaq zeigt den erfahrenen Jäger, der mit den Augen hört und aus dem Stand reagiert. Mikel lacht, wenn sie sieht, wie wir uns gegenseitig Öl in die Wundnarben reiben und die Muskeln kneten.
»Wie wenn ich unsere Wolfshunde streichele«, meint sie, »und nicht sicher bin, ob sie es mögen oder gleich zuschnappen werden.«
Ich denke, so ähnlich geht es mir wirklich. Ich mag Ardjuaqs Stimme, ich mag seinen Blick, ich kann ihn gut um mich haben, aber zugleich rennt etwas in mir weg, wenn er mir zu nah kommt und mich zufällig berührt.
Mit der Zeit tragen mich meine Beine wieder, und ich merke, wie meine Kräfte weiter zunehmen. Nach ein paar Tagen kann ich die Hütte verlassen und Mikel besuchen. Auch Ardjuaq kommt mit, wenn Erk seine Geschichten erzählt. Die eine oder andere höre ich jetzt zum zweiten- oder drittenmal. Doch sie wirken jedesmal anders auf mich, auch wenn Erk sie unverändert wiederholt. Er freut sich, mit Ardjuaq einen neuen Zuhörer gefunden zu haben. Kaum hat er eine Geschichte beendet, fängt er schon mit der nächsten an. Während wir zuhören, sitzen Ardjuaq und ich nebeneinander auf der Herdbank und beschäftigen uns mit kleinen Arbeiten. Ich habe meinen Arm noch immer nicht so in Gewalt, daß ich mit ihm schnitzen kann, doch ich schneide Mikel Sachen zu. Vor allen Dingen eine Jacke mit großer Trageka-

puze, in der sie ihr Kleines bei sich tragen kann. Oder ich knete Ardjuaqs Rücken, damit er die Kraft seiner Speerhand nicht verliert. Die meisten von Erks Geschichten kennt er bereits. Bei seinen Leuten erzählt man sie, wie er sagt, genauso. Aber Ardjuaq hat auch Geschichten im Kopf, die neu für Erk sind, und er versteht es, sie gut zu erzählen. Man muß ihm die Worte nicht aus dem Mund herausholen, sie liegen ihm auf der Zunge. Vielleicht wird aus Ardjuaq auch einmal ein Geschichten-Erinnerer. Ich male mir aus, daß er wie Erk später unter den Leuten sitzt und seine Worte mit der Mahnung beschließt: »Ich habe es euch weitergegeben, behaltet diese Dinge in Erinnerung.«

Wenn ich abends in meinem Schlafloch liege, necke ich ihn und rufe ihm zu: »Ardjuaq, ich kriege deine Geschichte von gestern nicht mehr zusammen, und ich wollte sie doch behalten. Erzählst du noch mal?« Er tut es tatsächlich. Aber das Ende bekomme ich meist nicht mehr mit, weil mich seine Stimme so wohlig einschläfert, daß mich mitten beim Zuhören der Schlaf holt.

Gestern hatte sich noch nichts bei Mikel getan, und heute ist der Tag, an dem ihr Kind kommen soll. Nach all den Monaten ist es soweit. Mikel will, daß ich dabei bin. Ihre Hütte ist so warm, daß sie alle Kleider ausgezogen hat. Erk hat mich gerufen, ich reiße mir die Jacke vom Leib und drücke meine Nase an Mikels Backe.
»Oh, jetzt zieht es wieder«, stöhnt sie.
Andere Frauen kommen dazu, Federfrau, Uji und Süße-

stehende-Wurzel. Mikel kniet mit geöffneten Schenkeln auf dem Hüttenboden, ihre Arme um die Schultern zweier Frauen gelegt, die ihr zur Seite hocken. Ich setze mich zu ihr auf den Boden und winke Erk herbei. Aber der bleibt beim Vorhang und rührt sich nicht. Ich war schon verschiedentlich bei Geburten anwesend und wundere mich, daß es bei Mikel so schnell geht. Das Ziehen hat gleich kräftig begonnen, und dann folgen die Wehen derart dicht aufeinander, daß Mikel aus dem Ächzen nicht mehr herauskommt. Dann aber tritt plötzlich eine Unterbrechung ein. Es geht nicht weiter. Die Frauen trocknen Mikel den Schweiß ab, eine reibt ihr den Bauch und den Geburtsausgang mit warmem Öl ein.
»Da ist es wieder«, ruft sie. »Aber anders als eben. Es fängt ganz unten an und zieht zum Magen hinauf.«
»Gleich wird es wieder richtig«, tröstet Federfrau und streicht über Mikels Bauch.
»Schon wieder«, weint sie. »So kommt das Kind doch nicht nach unten!«
Federfrau und die anderen Frauen sehen sich ratlos an. Mikel schreit und jammert, daß sich in mir alles zusammenzieht. Erk steht am Vorhang, knetet die Finger, und jede Wehe geht ihm übers Gesicht.
»Oh, Qila«, ruft Mikel. »Du hast das Kleine so festgetrommelt, daß es nicht mehr heraus kann.«
Ich rutsche zu ihr hinüber, streichle ihr Gesicht und versuche sie zu beruhigen. Aber innen ist mir flau vor Angst, und im Kopf überschlagen sich meine Gedanken.
»Es zieht hinten im Kreuz hoch«, stöhnt Mikel. »Es geht

bis in die Nägel, und in den Händen reißt es. Oh, was für ein Schmerz.«

»Soll ich die Trommel holen?« frage ich.

»Nein, bitte nicht, Qila, bitte keine Trommel«, schluchzt sie. »Ich habe Angst davor. Tu es bitte nicht!«

Plötzlich halten meine Gedanken ein. Ein Lied summt in mir, ganz deutlich, und ich erkenne es sofort. Es ist Iwis Schneide-Lied. Aber es könnte auch töten, sage ich mir voll Angst und wage mir nicht auszudenken, was das Lied Mikel und ihrem Kind anzutun vermöchte. Aber das Lied ist schon ganz stark in meinem Kopf geworden. Ich kann es nicht mehr wegschicken.

»Mikel, du hast es gleich überstanden«, sage ich laut. »Du mußt jetzt herhören. Ich singe ein Lied für meine Hände, ein Lied, das dein Kind von dir trennt. Schau mich an.«

Ich singe behutsam in meine Hände, aber die Melodie und die Mondworte klingen laut in der Stille des Raums. Ich singe für meine Hände und schaue Mikel dabei an.

»Jetzt zieht es wieder«, schreit sie. »Deine Hände!«

Ich lege die Hände auf ihre Bauchhaut, merke, wie sie spannt, suche durch meine Hände das Kind. »Die Leute warten auf dich«, sage ich ihm. »Deine Zeit drinnen ist aufgebraucht. Der Weg ist offen. Komm.«

Noch dreimal lege ich Mikel die Hände auf, dann setzen die Austreibungswehen ein.

»Du mußt jetzt mitpressen«, ruft Federfrau. »Ich spüre schon seine Haare! Ja, noch mal.«

Dann stößt Mikel einen durchdringenden Schrei aus, Fe-

derfrau hält das Köpfchen, zieht und hebt die Schultern des Kleinen aus dem Gebärgang.
»Da ist es!« lacht sie. »Ein Mädchen. Hier, Mikel, nimm es in den Arm.«
Alle lachen vor Erleichterung. Nur Mikel und ich weinen. Wir haben das Mädchen auf die Welt gebracht. Ich fühle mich wie ausgeleert, so schwach, daß mir die Knie versagen. Dann komme ich aber doch noch bis zu Erk, falle ihm in die Arme und lasse mich festhalten.
In dieser Nacht lege ich mich zum erstenmal zu Ardjuaq.
»Laß mich bei dir sein«, bitte ich.
Ich brauche es, daß jemand mich hält. Denn das Schluchzen in meinem Hals geht wie ein Schluckauf, der nicht enden will. Ich habe Angst vor meinen Händen bekommen. Erst als Federfrau vom Mund des Kleinen das Mutterblut abwischte, wußte ich, daß alles gutgegangen war. Aber die Angst steckt noch in mir. Meine Hände sind wie Steine, und ich weiß nicht, wo ich sie lassen soll. Doch Ardjuaqs Hände sind gut zu mir. Sie streicheln meine Glieder, meinen Rücken, sie streicheln meine Haare, sie streichen über mein Gesicht und über meine Hände. Es ist gut, daß er nichts sagt. Ich könnte kein Wort ertragen, so wund fühle ich mich innen in mir. Erst halb schon im Schlaf merke ich, wie Wärme in meine Hände kommt, und mache mich klein in Ardjuaqs Armen.
Als ich in der Frühe an Mikels Vorhang kratze, ist es noch dunkel. Aber Erk steht schon an der Hängewiege, die vom Hüttendach schaukelt. Mikel hat ihr Gewand weit geöffnet und hält zwei kleine Wolfswelpen an ihre Brüste.

Es ist ein Anblick, der mir die Sprache verschlägt.
Mikel muß meine entsetzten Augen bemerkt haben, aber sie lacht nur. »Es ist, um den Fluß in Gang zu bringen. Bis sich die Milch einfindet«, erklärt sie.
»Aber es sieht sehr merkwürdig aus«, murmele ich. Ich spüre es in meinen Brüsten ziehen und empfinde heftiges Abwehrgefühl.
»Es fühlt sich gut an«, sagt sie und kichert. »Schau nur, wie eifrig die Kleinen nuckeln. So kriegt unser Kleines gleich genug, wenn es seine erste Milch braucht.«
»Es ist ja gut«, lenke ich ein. »Es ist nur so ungewohnt. Wenn es wenigstens Bärenkinder wären, die sehen eher wie kleine Menschen aus.«
Jetzt lacht auch Erk. »Wenn du länger bei uns bist, findest du nichts mehr dabei. Alle Frauen machen das. Und wenn keine Wolfskinder zur Hand sind, müssen unsere Kinder helfen, die Milch anzuregen.«
Ich ziehe die Schultern hoch. Ich kann nicht mit ansehen, was Mikel mit ihren Brüsten macht. Vielleicht denke ich bei Wölfen noch immer an Nunah. An die Wölfe, mit denen er mir drohte, an die Angst, als mich die Tiere vor dem Zelt des Angakoq unter ihren Zähnen hatten.
»Darf ich nach der Kleinen sehen?« frage ich.
»Oh, Qila, was ist nur heute mit dir?« fragt Mikel. »Du bist doch sonst nicht so zaghaft. Geh, hol sie dir. Du hast sie mit auf die Welt gebracht und noch nicht im Arm gehabt!«
Ja, Mikel hat recht. Aber ich weiß auch nicht, was mit mir ist. Doch während ich das Kind angucke, wird mir warm

ums Herz. Es hat ein rundliches, ganz verknautschtes Gesicht und lange schwarze Haare, die in der Mitte nach oben stehen. Wirklich, jetzt sehe ich es auch: Das Kleine hat oben auf dem Köpfchen einen richtigen Wirbel. Es sieht sehr lustig aus mit seinen Strubbelhaaren. Ich schnuppere an seiner Backe, halte es im Arm und wiege es. Du bist meine kleine Schwester, sage ich ihm leise. Du bist auch ein Trommelkind.
»Erk und ich meinen, daß du ihm seinen ersten Namen geben sollst«, ruft mir Mikel zu. »Weißt du einen guten?«
»Udludlo fällt mir ein«, sage ich und freue mich. »Und Udludlo will ich es nennen.«
»Und was bedeutet das?« fragt Erk.
»Etwas mit Licht und Tag«, erkläre ich. »Vielleicht Tageslicht.«
»Udludlo soll sie heißen«, stimmt Erk zu. »Nicht wahr, Frau? Sie ist ja auch unter dem Mond zur Welt gekommen, in dem die Tage wieder länger werden.«
Das Kleine schläft fest in meinem Arm. »Udludlo heißt du«, sage ich ihm, während ich das Mädchen in die Wiege bette. »Die Mutterfrau dulde, daß du bei ihr wohnst.«
Ohne nach Ardjuaq zu sehen, hole ich mir Jacke und Schneeschuhe aus der Hütte und steige über den Zaun. Ich scheuche die Wolfstiere beiseite und laufe seit langer Zeit wieder allein ins Freie, und Wölfchen trabt mit gestreckter Rute hinterher. Gut, daß er mir nicht nachgelaufen war, als ich dem Löwen über den Weg lief, der hätte das Kerlchen bestimmt zerfetzt.
Der Schnee liegt nicht sehr tief. Eigentlich brauchte ich

die Schneeschuhe nicht. Aber noch mal zurück mag ich auch nicht, und mit den Schneeschuhen behalte ich eher trockene Füße. Ich habe bei Mikel Beerenbrei gegessen und komme damit den Tag über aus. Ich möchte nur wissen, was mich so unruhig macht? Am liebsten würde ich doch noch die Schneeschuhe beim Zaun lassen und einfach losrennen. Aber ich weiß schon, was mit mir ist. Ich hätte mich gestern abend nicht zu Ardjuaq legen sollen. Seitdem kann ich nur noch an ihn denken. Was ist eigentlich so besonders an dem Mann, daß ich überlege, ob ich nicht doch noch umkehren soll, damit ich bei ihm sein kann? Aber ich renne nicht zurück. Nur, was will ich hier draußen? Ohne Wurfholz, ohne Speer, ohne meine Tasche? Ich habe das Gefühl, daß meine Seele kopfüber nach unten hängt und sich gerade noch mit einem Zeh festhält.

Du mußt diesen Mann loswerden, rede ich mir zu. Und wenn er noch nicht über den Totenkopfberg marschieren kann, soll er wenigstens in einer anderen Hütte bleiben. Einölen und kneten kann ihn auch Uji. Und er soll abends nicht immerzu mit bei Erk sitzen und seine Geschichten erzählen. Überhaupt soll er mir aus den Augen, damit ich wieder ins Gleichgewicht komme. Ich kriege eine richtige Wut, wenn ich daran denke, was er mit mir macht. Aber natürlich möchte ich nicht, daß er weggeht. Und vielleicht sollte ich ja doch zurück? Nein, sage ich mir. Das tust du nicht. Ardjuaq soll deine zittrigen Hände nicht sehen. Lieber soll es erst dunkel werden. Ein Wintertag ist ja nicht lang. Bis zum Abend kann ich mich noch

von ihm weghalten. Also laufe ich und laufe, nehme nichts von der Gegend wahr, folge keinen Fährten und Spuren, kümmere mich nicht um den peitschenden Wind, ich laufe und laufe, bis ich endlich den Tag hinter mich gebracht habe und wieder am Zaun stehe. Es ist bereits dunkel, in meiner Hütte sehe ich Herdlicht und weiß immer noch nicht, ob ich Ardjuaq nun wegschicken soll oder nicht.
Ardjuaq steht neben meiner Schlafkuhle und schaut mich erleichtert an. »Als es dunkel wurde, habe ich überall nach dir gefragt«, sagt er. »Niemand wußte, wohin du verschwunden warst. Ich wollte gerade über den Zaun, um nach dir zu suchen.«
»Ich war am Fluß«, sage ich und bekomme die Worte kaum heraus, weil mein Mund plötzlich so trocken ist.
»Ohne Speer? Ohne Wurfholz?« fragt er.
»Ja«, antworte ich. »Einfach so.«
»Aber dir könnte ein Löwe begegnen«, neckt er mich.
»Oder ein Mann, der deine Hilfe braucht.«
Ich stehe vor ihm und sehe mich selbst. Die Fellkapuze in der Stirn, die unförmigen Fausthandschuhe gegen die Brust gepreßt, an den Brauen noch Schnee. Ardjuaq schiebt mir die Kapuze aus dem Gesicht, zieht mir die Handschuhe aus und sagt: »Ich habe auf dich gewartet, Qila.«
Wir decken zusammen das Feuer ab, werfen unsere Sachen von uns, und ich lege mich zu ihm.
»Deine Haut ist gut, ich mag dich«, sagt Ardjuaq.
Ich stecke meine Nase in seine Halsbeuge, schnuppere

und lache. »Und ich möchte bei dir bleiben«, sagt er sanft und stößt seine Nase gegen meine.
Ich nicke, spüre meinen Atem zu seinem gehen und drükke mich an ihn. Alles, was sich in mir gegen Ardjuaq gesperrt hatte, ist nicht mehr da. Ich mache mich klein, überlasse mich seinen Händen, bin glücklich, von seinen Armen gehalten zu werden.
»Ich möchte mit dir zusammen sein«, sage ich. »Aber die Mutter hat mich noch nicht dem Mond geöffnet.«
Ich merke im Dunkeln, wie er lacht. »Du bist, was ich brauche«, sagt er. »Alles ist gut.«
Ich rubbele meine Nase gegen sein Ohr. Ardjuaqs Körper ist stark, und seine Hände sind sacht. Ich lasse mich von ihm streicheln. Ich werde ihn zu mir kommen lassen. Ich werde weich und hilflos sein. Sooft ich bei ihm liege. Sooft er mich braucht.

Der Mond geht vorbei, ein anderer kommt. Es ist der Frostmond, in dem der Schnee unter den Füßen kracht und die Spucke auf dem Eis klirrt. Wir sitzen um die Herdfeuer, die Lampen brennen, die Zeit bleibt stehen. Man lädt sich gegenseitig ein, spielt und ißt ohne Sorge, denn die Mutter hat ihren menschlichen Lebewesen reichlich Vorräte in die Gruben gelegt.
Unser beliebtestes Winterspiel ist das Hand-Versteck-Spiel. Zwei Gruppen sitzen sich gegenüber, die einen nehmen auf der Tag-, die anderen auf der Nachtseite Platz. Hinter dem Rücken der einen Seite wandert ein kleiner Knochen oder ein Steinchen von Hand zu Hand,

und einer von der gegenübersitzenden Gruppe muß raten, bei wem der Spielstein sich gerade versteckt. Er wird mit dem Zeigestock angestoßen, und dann kommt die andere Gruppe zum Zug. Es wird sehr schnell gespielt, und für jeden Punkt wird auf zwei Lederstücken ein Zählhölzchen abgelegt.

Ardjuaq und ich sitzen stets auf derselben Seite, und Ardjuaq spielt gut. Wenn das Spiel bei zwanzig Punkten zu Ende ist, hat er für unsere Seite oft die meisten Zählhölzchen gewonnen. Wir spielen fast immer bis tief in die Nacht. Und weil die Flußleute bald wissen, wie gut sich Ardjuaq aufs Raten versteht, möchte ihn jede Seite für sich beschlagnahmen.

Auch wenn ich mit Noluk und Schwergewicht das Land nach Wild abgehe, ist Ardjuaq zumeist dabei. Doch seiner Speerhand fehlt die Kraft, seit ihm der Löwe den Rücken zerrissen hat.

»Ich werde mich aufs Schlingenstellen verlegen müssen«, klagt er. »Aber wie soll ich zu Zeltleder und Kleiderhäuten kommen?«

»Vielleicht tauschst du«, sage ich ihm. »Und übrigens habe ich ja auch noch Hände für dich.«

Noluk und Schwergewicht haben jedenfalls nichts dagegen, wenn Ardjuaq mich begleitet, auch wenn er nichts erlegt. Denn Ardjuaq ist ein zuverlässiger Fährtenleser und spürt an den entlegensten Stellen Wild auf, so daß wir auch dann mit Fleisch beladen zurückkommen, wenn andere Jäger mit leeren Händen am Zaun stehen.

Wenn der Schnee allzusehr treibt, sitzen wir beide an unserem Herdfeuer, jeder in seine Arbeit versunken. Ardjuaqs Hände sind geschickt, sie verstehen Knochenmesser zu schnitzen, Nadeln zu spänen, Speerspitzen zu schäften oder neues Steinwerkzeug herzustellen. Ich schneide Schuhleder, walke Fellstücke, nähe Jacken und Hosen, daß wir an allem Überfluß haben. Wenn sich das Wetter aufhellt, gibt uns Erk seine Schlittenhunde. Wir fahren über die verschneiten Flußarme stromab- und stromaufwärts, erkunden das Land auf der anderen Uferseite und gelangen dabei einmal bis an den Fuß der gegenüberliegenden Bergkette. Ich lerne, das Gespann und den Schlitten so sicher zu führen, wie es die Flußleute tun. Ich versuche Wölfchen mit anzuschirren, aber er hält keinen Frieden mit den anderen Tieren und sträubt sich gegen die Zugriemen. Wölfchen geht überhaupt nicht mit mir, wenn ich mit Ardjuaq zusammen bin. Steige ich als erster über den Zaun, schaut er mich erwartungsvoll an, sobald aber Ardjuaq hinter mir erscheint, zieht er den Schwanz ein und trollt sich davon.

Udludlo hat jetzt schon bald drei Monde gesehen, rechnet Erk uns vor. Sie lacht auch schon mit mir, wenn sie gerade gestillt, satt und zufrieden ist. Ich meine, sie hat ein Gesicht wie Erk, und Erk freut sich, wenn ich ihm das sage. Das Kleine ist inzwischen zusehends gewachsen, und mein Leben hat sich während der letzten Mondbreiten ebenfalls sehr verändert. Und nicht nur mein Leben, ich selbst bin anders geworden, seit ich mit Ardjuaq zusammenlebe.

Mikel fällt es zuerst auf. »Du schnitzt keine Bilder mehr,

du malst nicht«, sagt sie. »Ständig sehe ich dich über den Fellen sitzen.«

»Der Winter ist noch lang«, antworte ich. »Und zu zweit brauchen wir eben mehr als jeder für sich.«

»Und auch mit deiner Trommel sprichst du nicht«, sagt sie.

»Jetzt habe ich Ardjuaq«, erkläre ich und lache. »Wir haben uns so viel zu erzählen, daß ich die Trommel vergesse.«

»Ich denke, ein Kindkeim wächst bei dir«, meint Mikel. »Das füllt dich so aus, daß du für sonst nichts mehr Platz hast.«

»Nein, bestimmt nicht«, sage ich. »Ich bin ja noch immer nicht mit dem Mond.«

»Das verstehe ich nicht«, sagt Mikel kopfschüttelnd. »Warum öffnet dich die Mutter nicht?«

»Ich weiß es nicht«, antworte ich. »Aber ich wünsche mir sehr, daß es jetzt endlich geschieht.«

Mikel nimmt Udludlo auf ihren Schoß. Sie wickelt die Kleine aus, kratzt sie sacht am ganzen Körper, rubbelt ihr die Nase durchs Gesicht und legt sie sich an. Ich sehe ihr zu, wie sie vornübergebeugt ihre Brustspitze hält, daß dem Kind das Näschen frei bleibt. Ich möchte, die Mutter würde mir auch ein Kind anwachsen lassen. Aber ich denke auch an Iwi, die drei Kinder geboren hatte. »Danach war ich leer«, hatte sie dem Angakoq gesagt. Ich hatte damals die Vorstellung von einem großen schwarzen Loch in Iwis Bauch, durch das ihre Kraft auslief. Doch Mikel sieht nicht verbraucht und abgenutzt aus. Im Gegenteil, sie strahlt vor Lebenslust. Ich möchte gern wie sie sein. Ja, Mikel hat recht. Ich bin anders geworden. Ich setze mich zu der Trommel, aber wenn ich sie wecken will, spricht sie nicht an. Und wenn ich eine Malhaut auf den Boden spanne, kommen keine Bilder zu mir. Ich hatte mir bisher keine Gedanken darüber gemacht. Aber nach dem Gespräch mit Mikel beunruhigt es mich doch. Ich vermisse etwas, aber es ist so weit weg, daß ich nicht sagen kann, was es ist. Ich mag auch nicht mit Ardjuaq darüber sprechen. Ich weiß ja selbst nicht, was mir fehlt. Wie soll er es dann wissen?

Aber ich werde noch als Heilerin gebraucht. Heute wurde ich zu einem Mann gerufen, der meine Hilfe sucht. Er zeigt links auf die Seite unter den Rippen und sagt, daß es dort sehr schmerzt. Ich wasche die Hände über dem Rauch und taste seinen Leib ab, um den Krankheitsort zu finden. Doch ich sehe ihn nicht. Ich frage den Mann nach seinen Traumwegen. Er berichtet von einem Traum, in dem ihn ein Nashorn angerannt hat. Ich versuche das Nashorn zu sehen, ich versuche es zu tanzen, aber ich sehe es nicht, und es kommt nicht, als ich es tanzen will. Ich versuche es mit der Trommel, aber die Trommel findet nicht den Weg zu dem Kranken. Der Mann tut mir leid, denn ich merke, wie es ihn vor Pein reißt. Doch ich kann nichts für ihn tun. Ich kann nicht mehr fliegen. Ich muß dem Mann gestehen, daß ich keinen Tanz für ihn habe.

Ich renne zu meiner Hütte, werfe die Trommel ins Schlafloch, packe die Jacke, ziehe die Fäustlinge über und schlage mir die Kapuze ins Gesicht.

Ardjuaq sitzt am Feuer, ein Bündel gefetteter Sehnen neben sich. »Qila, willst du nach draußen?« ruft er. »Warte, ich komm mit.«

»Nein«, sage ich, so ruhig ich kann. »Ich will allein sein. Ganz allein, sonst nichts!«

Ich stolpere über den Zaun. Wölfchen kommt gelaufen, hockt sich auf seine Hinterbacken und schaut mich mit schiefen Augen an. »Und du bleibst auch hier, verstehst du!« sage ich, packe ihn an den Ohren und stoße ihn beiseite. »Ich will niemand bei mir haben!«

Ich stapfe durch den harschigen Schnee. Dränge mich, treibe mich an. Da kommt mir Schwergewicht über den Weg. Er lacht breit und schwenkt mir zwei Schneehasen entgegen.

Nein, das nicht auch noch, denke ich. Ich will niemand sehen, niemand hören, ich mag mit keinem reden!

Ich weiche ihm mit einem Ruck aus, laufe an seinen wedelnden Händen vorbei, sehe einen Augenblick sein fassungsloses Gesicht und habe ihn schon wieder vergessen. Ich muß fort, ich muß weg, ich muß ihnen allen entkommen.

Wenn nur der Schnee nicht so lästig wäre. Mit jedem Schritt trete ich durch die verharschte Decke und breche bis über die Knöchel ein. So komme ich nicht vom Fleck. Aber ich muß. Etwas, das stärker ist als ich, treibt mich. Ich traue mich nicht, über die Schulter zu blicken. Etwas Gewaltiges bewegt sich neben mir, der Druck wird unerträglich, das Geräusch schwillt zu stampfenden Schritten an. Mir wird heiß beim Laufen. Du darfst nicht in

Schweiß geraten, sagt etwas in mir. Ich reiße mir die Felljacke vom Leib und werfe sie weg. Meine Handschuhe hinterher, dann die Schuhhäute. Oh, warum sind sie nur so schwer aufzuschnüren! Jetzt bin ich sie aber los, und der Schnee tut den Füßen gut. Er ist kühl, das harschige Eis schneidet in die Fußsohlen. Doch die Hitze will nicht weichen. Sie wird noch viel schlimmer. Das ist nicht zum Aushalten. Ich werfe meine Hose weg, steige aus der dünnen Unterjacke, reiße die Unterhose von den Beinen, laufe nackt durch den Wind. Ich wälze mich im Schnee, es brennt und brennt in mir, ich schlage mit dem Kopf gegen etwas sehr Hartes, zwischen meinen Zähnen ist Blut. Viel Blut ist in meinem Mund. Es läuft mir hinten den Hals hinunter. Ich verschlucke mich, ich ersticke an meinem Blut. Ich huste, würge Blut in den Schnee.

Jetzt ist mir endlich wohl. Ich kann mich ergeben, muß mich nicht länger sträuben. Ich kann die Augen zumachen. Mein Körper ist weit weg. Ich merke ihn nicht mehr. Mir ist leicht, ich schwebe, ich fliege.

Qila, du mußt die Augen aufmachen, höre ich den Angakoq. Da ist seine Stimme, da sind seine Trommelhände. Kann ich die Augen aufmachen? Will ich das? Es ist so schön, wegzudämmern. Mach sie auf, sagt der Angakoq. Du mußt. Schau hin, was siehst du?

»Eine Frau liegt im Schnee. Sie hat nichts an.«

Weiter, wer ist diese Frau?

»Der Kopf ist verdreht, ich kann sie nicht erkennen.«

Schau nicht weg, sieh ihr ins Gesicht. Was siehst du? Sag es.

»Ich bin diese Frau, ich liege im Schnee. Aber mir ist nicht kalt. Ich spüre überhaupt nichts.«
Was geschieht weiter?
»Leute kommen gerannt. Drei Männer.«
Was tun sie? Schau hin.
»Sie nehmen mich, wickeln mich in Kleider, tragen mich in die Hütte.«
Was geschieht weiter?
»Es ist nicht meine Hütte. Es ist ein Zelt, Angakoq. Ich hocke am Boden, Nunah schlägt mir ins Gesicht.«
Weiter, was ist noch in dem Zelt?
»Du bist da, Angakoq. Aber du bist tot. Nunah reißt mich hoch, er schüttelt mich. Er will etwas von mir.«
Und du gibst es ihm?
»Nein, das tue ich nicht. Er droht mir. Draußen sind die Wölfe.«
Weiter. Sieh hin, was geschieht.
»Er stößt mich vors Zelt. Aber die Wölfe tun mir nichts. Da ist ein großer Vogel um meinen Kopf. Ich glaube, die Wölfe sehen mich nicht. Ich fliege nämlich.«
Wohin fliegst du, Qila?
»Auf den Hügel, wo die Mutterfrau tanzt. Ich renne den Hügel hinab. Es ist schön, so leicht zu laufen.«
Wohin läufst du? Beschreibe es.
»Ich sehe den Dämmerstern, das Sonnenuntergangslicht. Dahin gehe ich.«
Tu das, sagt die Trommel.
Geh, höre ich den Angakoq sagen, geh!
Ich wache auf und bin wieder bei mir im Körper zurück.

Es tut mir nichts weh, nur die Zunge ist dick geschwollen, daß ich nicht gut sprechen kann. Ich bin in meiner Bilderwandhütte. Ardjuaq steht vor mir, und ich setze mich auf.
»Komm«, sage ich. »Bück dich zu mir!«
Ich lege mein Gesicht an seins, schließe die Augen und schnuppere an seiner Haut.
»Du hast eine gute Haut. Ich mag dich«, sage ich und sehe ihn an. »Ruf Mikel. Ich brauche sie, ich muß mit ihr reden. Und du bleib drüben bei Erk. Komm nicht zurück. Mikel wird es dir erklären. Geh jetzt bitte, Ardjuaq, und sag nichts.«
Ardjuaq nimmt seine Jacke. Beim Vorhang schaut er zurück.
»Bitte geh«, sage ich.
Mikel kommt. Sie hat ein verheultes, von Tränen aufgeschwemmtes Gesicht.
»Mikel, was ist? Warum weinst du?« frage ich sacht.
Sie läßt sich bei mir nieder, bedeckt die Augen und gräbt den Kopf in ihre Knie. Ich kauere mich zu ihr, lege die Arme um sie und rede ihr zu, bis sie sprechen kann.
»Oh, Qila, ich weine einfach, weil ich Angst um dich habe«, bringt sie endlich unter Schluchzen hervor.
»Du weißt, was mit mir war?« frage ich.
»Du bist vor dir weggelaufen. Du hattest Angst«, sagt sie.
»Ich bin zu mir hingelaufen«, erkläre ich ihr. »Es war, als gäbe es mich nicht mehr. Meine Kraft war fort. Aber sie ist zurückgekommen. Ich spüre sie wieder.«
»Trotzdem habe ich Angst um dich«, sagt sie und drückt sich gegen mich. »Deine Fußspuren sind blutig, du liegst

steif im Schnee, ohne Kleider. Was ist das für eine schreckliche Kraft, die das mit dir macht?«
»Es ist meine Kraft«, sage ich ihr. »Sie macht das mit mir, wenn ich ihr nicht folge. Verstehst du?«
Mikel setzt sich auf und versucht ein Lächeln.
»Ich stelle mir vor, es ist wie mit meinen Wehen, als sie in die verkehrte Richtung gingen«, überlegt sie laut.
»Es ist gut, daß du mich so genau verstehst«, sage ich glücklich, nehme ihr Gesicht zwischen meine Hände und rubbele meine Nase an ihrer. »Ja, es ist genau, wie du sagst. Wie bei deinen umgedrehten Wehen, so ist das. Du mußt es den anderen erklären. Denn morgen früh bin ich weg. Du mußt ihnen sagen, warum ich gehen muß.«
»Und Ardjuaq?« fragt sie.
»Ich kann es ihm nicht sagen«, antworte ich. »Ich will ihn nicht mehr sehen. Nimm seine Sachen mit in eure Hütte. Alles. Ich will nichts behalten, was mich an ihn erinnert. Er soll bei euch bleiben, bis ich weg bin.«
»Wie kannst du ihm das antun?« fragt Mikel entsetzt.
»Ich will ihm nichts antun, ich muß es tun«, antworte ich mit trockenen Lippen. »Wenn ich ihn sehe, seine Stimme höre, bin ich hilflos. Ich mache mich klein und möchte, daß er mich festhält, damit ich nicht weg kann. Deswegen mußt du mit ihm sprechen, Mikel. Bitte, tu es für mich.«
Ja, Mikel versteht mich. Ich wußte es.
Sie räumt das Schlafloch gegenüber aus, wirft Ardjuaqs Sachen in die Decken, sein Steinwerkzeug, das Wurfholz, die Speerschleuder, die eingefetteten Sehnen von gestern, Anziehsachen, eine Fuchszahnkette, die Schnee-

schuhe, und schnürt alles zu einem großen Bündel, das sie an den Vorhang schleift. Ich zeige wortlos auf die halbfertigen Schuhhäute, in denen noch meine Nadel steckt, und Mikel packt sie mit ein. Dann kommt sie zu mir.
»Aber ich darf dich noch drücken«, sagt sie und schlingt ihre Arme um meinen Hals.
»Aber bitte nicht morgen am Zaun«, sage ich. »Keiner soll da sein. Nur Erk. Er soll mir den Schlitten mit dem Gespann fertigmachen und das kleine Zelt, Trockenfisch und Verpflegung aufpacken. Alles übrige lege ich morgen selbst dazu. Und jetzt geh bitte, Mikel, sonst kann ich nicht mehr. Drüben steht noch Ardjuaqs Speer, nimm ihn mit.«
Der Vorhang fällt, Mikel ist gegangen, und ich werfe mich in die Decken, krieche ins Dunkle, bis es mich nicht mehr gibt. Aber ich habe mich richtig entschieden. Vor einem Jahr haben mich meine Leute über den Zaun gejagt. Diesmal gehe ich freiwillig, aus eigenem Antrieb, weil ich will, was ich muß.
Noch vor dem ersten Tageslicht kratzt Erk am Vorhang. Ich bin bereit, der Schlitten ist bereit. Meine Sachen liegen gepackt und geschnürt. Erk hilft, sie über den Zaun zu tragen. Neben dem Gespann nehmen wir wortlos Abschied. Ich gucke mich nur noch einmal um, um zu sehen, ob Wölfchen hinterherkommt. Ich habe ihm nicht gepfiffen, aber er kommt, und ich freue mich. Wir passen zusammen, Wölfchen, der kleine einsame Wolf, und ich.

Die Erdmutter im Stein

Es ist der Monat, in dem die Pferde fohlen, die beste Schlittenzeit. Die Sonne hat schon so viel Kraft über den Schnee, daß seine Oberfläche tagsüber taut und nachts zu einer festen Kruste friert, die Schlitten und Gespann sicher trägt, so daß wir täglich große Strecken hinter uns bringen, ohne zu ermüden. Ich lenke die Schlittenwölfe auf den großen, noch fest im Eis liegenden Strom zu, der am Totenkopfberg vorbei von Mittag nach Norden zieht. Ich halte mich zu seiner Mittagsseite und hoffe weiter südlich die Bergketten rechts von mir umfahren zu können. Dann werde ich versuchen, die Richtung nach Sonnenuntergang einzuschlagen. Mein Gesicht habe ich dick mit Öl und Holzkohle beschmiert, um das grelle Schnee- und Eislicht abzuhalten, das mich in der Flußebene von allen Seiten mit blendender Helligkeit trifft. Ich lege für mein Gespann sogar eine Unterbrechung ein, wenn die Sonne den höchsten Stand ihres Himmelspfades erreicht, damit die Augen der Tiere nicht schneeblind werden. Lieber breche ich morgens schon im Halbdämmer auf und fahre bis spät in den Abend, wenn die Sonne längst hinter die Schneeberge gegangen ist, aber das Gletscherlicht den Himmel noch feuer- und ockerrot beleuchtet. Später schlage ich mit ein paar Handgriffen das kleine Lederzelt auf, füttere die Tiere und wickele mich in meine Felle. Ich führe einen bescheidenen Holzvorrat mit mir, doch den spare ich mir für den Notfall auf. Das fettreiche Essen wärmt genug, und für meinen Schutz sorgen die Wölfe. Nachts schlafe ich so tief, als hätte ich endlos Schlafzeit nachzuholen. Und vielleicht ist das wirklich so. Ardjuaq und ich, wir beide haben unsere Nächte erzählend, uns umarmend, wachträumend miteinander verbracht, als hätten wir geahnt, daß uns wenig Zeit füreinander blieb. Ich kann jetzt ohne den verzweifelten Schmerz des ersten Abschieds zurückdenken. Nunah und Ardjuaq, der eine wie der andere, waren Diebe, sage ich mir heute. Nunah wollte herausprügeln, was mir gehört, Ardjuaq hat es herausgestreichelt. Ardjuaq trifft keine Schuld, er wußte nicht, was er mir antat, und ich ließ es mir ja auch gefallen. Ich hatte alle Warnzeichen übersehen, obwohl sie deutlich genug gewesen waren. Ich wollte nicht sehen, daß ich beim Hand-Versteck-Spiel, wo ich früher immer geglänzt hatte, auf einmal nicht mehr mithalten konnte. Und das war nur ein kleines Warnzeichen. Auf die großen mußte mich Mikel stoßen: daß ich nicht mehr malte, schnitzte und nach und nach auch die Tänze und Lieder ausblieben. Und zuletzt war sogar die Trommel verstummt. Ich muß mich schämen, wenn ich mich heute frage, wie ich so blind sein konnte. Wo hattest du nur deine Augen gelassen? hält mir mein Kopf jetzt vor. Ich versuche nicht, mich zu entschuldigen. Denn ich weiß, daß ich mit der Kraft nicht spielen kann. Entweder ich nehme sie ernst und überantworte mich ihr, oder sie zerstört mich. Das ist so; und ich lasse es gelten, ohne daran herumzudeuteln. Doch wenn mich die Erinnerung an Ardjuaqs Hände überkommt, wird mein Herz schwer vor Trauer.

Durch ihn hatte ich erfahren, wozu ich zur Frau geworden war.

Nach vier Tagen verlasse ich die große Flußebene, ziehe über fallendes Hügelland nach Sonnenuntergang und stoße nach einiger Zeit auf einen Flußlauf, der in meine Richtung weist und dessen Eis meinem Gespann eine leichte Lauffläche bietet. Ich spreche wieder zu meiner Trommel, und sie antwortet mir. Ein leichtes Antippen genügt, um sie zu wecken. Ich erzähle von Mikel und Ardjuaq, und meine Finger künden dem Sonnenuntergangsland mein Kommen an. Irgendwo dort unter dem Dämmerstern, auf den das junge Mondhorn deutet, warten die Hügel auf mich, wo die Bisonfrau tanzt. Sooft ich mich zu der Trommel setze, spüre ich ihre Nähe, und gleichzeitig wächst meine Kraft. Ich habe ins Gleichgewicht zurückgefunden. Meine Seele hängt nicht mehr mit dem Kopf nach unten, sondern steht aufrecht in mir. Selbst auf meine vier Schlittenwölfe scheint sich meine wiedergewonnene Kraft zu übertragen. Sie laufen, ziehen, schleppen unermüdlich. Selten muß ich den Stock heben, und es gibt kaum einmal Gerangel unter den Tieren. Und als eins plötzlich lahmt, kann ich seine verzerrten Bänder mit ein paar Handgriffen wieder richten, und der Wolf läßt es sich gefallen wie ein Mensch, der sich den Händen der Heilerin anvertraut.

Der nach Sonnenuntergang führende Flußpfad mündet in einen breiteren Strom, der, von einer weiten Ebene begleitet, nach Mittag zu führt. Ich hätte gern meine Richtung gehalten, doch Bergzüge verlegen mir den Weg. So beschließe ich, dem Stromtal zunächst in die Mittagsrichtung zu folgen, um zügig voranzukommen, ehe das Eis bricht und der Weg schwerer wird. Das Land verändert jeden Tag sein Gesicht. Kleine Waldstücke und Bäume, die bereits in dicken Knospen stehen, begleiten den Flußlauf. Dichtes Unterholz wurzelt in den Böschungen und bedeckt die von zahllosen Eisarmen umfangenen Inseln und Umlaufberge. Und überall weidet und wechselt Wild. Ich beobachte Moschusochsen, sehe Riesenhirsche, deren Geweihspanne mein Gespann samt Schlitten umfassen würde, Pferde führen ihre Jungfohlen, Wisente brechen durchs Holz, und dazwischen laufen die Fährten von Raubkatzen, Mardern, Hyänen und Wölfen. Ich wundere mich, daß meine Schlittenwölfe kaum auf ihre wilden Artgenossen reagieren. Vielleicht sind sie uns Menschen schon so gewöhnt, daß sie eher in uns ihre Verwandten erkennen als in ihren vierbeinigen Geschwistern.

Als das Stromtal nach mehreren Tagen durch einen mächtigen Schwesterfluß Zulauf erhält, melden die Zugvögel ihre Rückkehr. Warmer Wind weht, und mein Gespann plagt sich noch einen halben Tag durch morsches Eis, bis wir endlich aufgeben müssen. An ein Weiterkommen ist in der nächsten Zeit nicht zu denken. Am Hang über dem Fluß finde ich ein Felsdach, pflocke die Tiere an und entlade den Schlitten. Er hat ausgedient. Die Wölfe sind froh, sich ausstrecken und ruhen zu können und mit frischem Jagdfleisch abgefüttert zu werden. Auch ich merke, daß mir eine Atempause guttut. Eine Mondbreite habe ich bis hierher gebraucht. Ich wollte vorankommen, ehe die Frühlingsstürme das Eis brachen. Jetzt steht mein kleines Zelt sicher unter dem Fels, der böige Wind rüttelt an seinen Wänden, doch die Riemen und Pflöcke halten. Ich genieße die Wärme, die in die große Welt zurückkehrt.

Meine Hände suchen sich Beschäftigung. Ich meißele eine zweifingerdicke Scheibe aus einem Mammutzahn, höhle sie aus und schnitze mir einen Elfenbeinreifen. Vielleicht werde ich ihn mit einem Kerbschnitzmuster versehen. Wenn ich mit der Arbeit fertig bin, lege ich den Reifen zu meinen Ketten und anderen Schmuckstücken, von denen ich mittlerweile einen ganzen Vorrat habe.

Irgendwann werden meine Lieder und Tänze wieder zu mir kommen, und dann will ich mich schön machen, damit die Erdmutter mich ansieht und an mir Gefallen findet.

Wölfchen sitzt in zwei Schritt Abstand auf seinen Hinterbacken und schaut verdrossen zu. Er trabt und läuft lieber. Ab und zu kommt es über ihn, daß er unvermittelt aufspringt und in ein paar Sätzen davonjagt. Aber nicht etwa, um einem Stück Wild nachzuhetzen, sondern er rennt, um zu rennen, bis ihm die Zunge aus dem Hals hängt. Wölfchen, der im Unterschied zu den Gespanntieren einen eigenen Namen hat, lernt noch immer nicht, auf seinen Namen zu hören. Oder er hört nur, wenn er will. Jedenfalls hält er nach wie vor Abstand zu mir. Wenn Wölfchens Herz zu mir ginge wie meins zu ihm, würde er sich wenigstens einen Schritt näher setzen, damit ich ihm über den Kopf fahren könnte. Aber das tut er nicht. Wölfchen ist da, bleibt aber unerreichbar.

Inzwischen fließt der Schnee die Hügel hinunter. Die Erde gibt ihre Lebenskraft frei, sammelt Sickerwasser und Rinnsale zu Gießbächen und führt sie den Flußarmen zu, die sich jetzt durch die ganze Ebene strecken. Regenfahnen wehen übers Tal bis ins Zelt und durchnässen alles. Dann steigt die gelbe Wärme den Himmel hinauf, und die Erde begrünt sich mit neuer Haut.

Der Frühling nähert sich dem Zeltplatz. Es wird Zeit aufzubrechen, und meine Gepäckschlitten liegen bereit. Zwei gekreuzte Stangen, die seitlich am Körper der Wolfshunde befestigt sind und hinten nachschleppen, nehmen meine Gepäckstücke auf. Ich gehe mit dem Speer voran und öffne den Weg.

Die Jäger sagen, daß Tiere für die Anwesenheit anderer Tiere ein besonderes Gespür besitzen, aber auch für die Ausstrahlung von Orten, Menschen und Dingen. Jedenfalls tut man gut daran, ihrem Gespür Aufmerksamkeit zu schenken. Und irgend etwas, das ich nicht wahrnehme, scheint meinen Wolfshunden die Anwesenheit von Menschen in diesem Hochtal zu verraten. Ihre Schwänze zucken, das Nackenhaar und die Schnauzen stehen hoch. Seit zwei Tagen sind wir die Berge über dem Flußtal hinangestiegen und haben jetzt diese weite, offen daliegende Fläche erreicht. In dem Restschnee, der sich auf der Höhe noch hält, bemerke ich Spuren von Rentieren und den Schneehühnern, die sie begleiten. Auch die Fährte von einem Luchs mache ich aus. Aber ich sehe nichts, was auf das Vorhandensein von Menschen hinweist. Die Wölfe jedoch halten unbeirrt auf ein kleines, ansteigendes Seitental zu, durch das ein Sturzbach schäumt. An seinen Rändern klammern sich noch Eisreste. Der Grund ist schwer zu begehen, Wacholder und Birkengestrüpp faßt nach meinen Beinen, die Gepäckschlitten kippen und schleudern, und die Wolfshunde finden kaum Durchlaß. Da entdecke ich über dem Schnee eine Schlingenfalle. Sie muß bereits vor längerer Zeit angebracht worden sein, denn in der Sehne hängen die abgenagten Reste von einem Reh, über das sich Füchse und andere Fleischfresser hergemacht haben. Spuren von menschlichen Füßen entdecke ich allerdings nicht. Aber die Schlinge ist ein deutlicher Hinweis.

Die Wölfe hatten recht, es sind Menschen in der Nähe, und mein Herz klopft vor Erregung.

Da öffnet sich das Tal, und der Wind trägt mir den kaum wahrnehmbaren Geruch von Herdfeuer zu. Die Wölfe achten nicht mehr auf meine Zurufe und traben los, daß ihre Ziehstangen über Wurzeln, Steine und Graspolster hüpfen und ich Angst um meine Sachen kriege. Jetzt erkenne ich über einem kleinen Gehölz am Talhang auch die Hüttendächer. Ihr Aussehen erinnert mich an unsere Siedlung in der Tundra, und mich überkommt ein unbestimmtes Gefühl von Wiedersehensfreude und Beklommenheit. Aber da fegen auch schon die Wolfshunde der Siedlung herbei, und ich habe Not, die raufenden Tiere auseinander zu bringen.

Leute steigen über den Zaun und kommen auf mich zu. Ich brauche nicht erst lange hinzusehen, um schon von weitem ihre Gestalten zu erkennen. Papik, Kipi, Lao und Sik. Die Wolfstiere haben mich zu meinen Leuten geführt. Ich bleibe wie angefroren stehen. Und jetzt haben die Leute der Siedlung offenbar auch mich erkannt. Sie halten ein, und wir starren uns wortlos an. Auf der Schulter von Lao erkenne ich ein Köpfchen. Sie hat ein Kind in der Kapuze. Unsere Augen begegnen sich, und dann tut Lao den ersten Schritt.
»Das ist Qila«, ruft sie. »Du bist es wirklich!«
»Ja«, sage ich. »Ich bin's und nicht nur mein Schatten.«
»Du siehst ganz verändert aus«, meint sie unsicher. »Und du kommst einfach von irgendwoher und stehst hier.«
Ich suche nach Worten, aber ich weiß nichts zu sagen und merke, wie mein Mund vor Anspannung zittert.
»Das ist tatsächlich unsere Qila!« entfährt es jetzt auch Papik. »Mädchen, was stehen wir hier. Komm, irgendwo in einer Hütte wird sich Platz für dich finden.«
Aber ich höre schon nicht mehr hin. Nunah ist an den Zaun getreten. Er ist keiner von unseren Leuten, trotzdem erkenne ich ihn von weitem. Ich werde dieses Gesicht nie vergessen, nicht seine Hände, nicht seine herausgeputzte Jacke. Nunah steigt über den Zaun, geht ohne Umschweife auf mich zu und baut sich vor mir auf. Seine Wölfe können mir keine Furcht mehr einjagen. Sie sind für mich jetzt ganz gewöhnliche Tiere. Aber Nunahs Gestalt ist noch immer riesengroß, und seine Nähe erdrückt mich.

»Da bist du also wiedergekommen«, stellt er fest. »Einmal mußte das ja sein, daß wir uns noch mal begegnen. Zwischen uns beiden ist eine alte Sache offen.«

»Nicht bloß zwischen mir und dir«, sage ich sacht. »Da ist auch noch der Angakoq.«

Nunah zuckt mit den Schultern. »Der ist nicht mehr da«, sagt er. »Ich habe seine Knochen auf dem Ruckenberg gelassen. Jetzt, nach einem Jahr, wird nichts mehr von ihm übrig sein.«

»Doch, Nunah«, sage ich und zeige auf mich. »Du weißt, ein Angakoq geht nicht, ohne seinen Verbündeten zu vererben. Sein Seelentier. Es ist hier.«

Nunahs Augen ziehen sich zusammen. »Komm in mein Zelt«, sagt er. »Das ist unsere Angelegenheit. Sie geht die anderen nichts an.«

»Ich stelle mein Zelt vor den Zaun, dann komme ich«, antworte ich.

»Soll ich helfen?« bietet Papik sich an.

»Nein«, wehre ich ab. »Das mache ich lieber allein.«

Kipi und Lao werfen sich einen Blick zu, wenden sich an Nunah, doch der winkt ab.

»Ihr habt gehört, was sie sagt«, erklärt er. »Sie stellt ihr Zelt vor den Zaun, und sie braucht keine Hilfe. Laßt sie gehen, sie kann später nachkommen.«

Ich atme tief durch, nehme den Wölfen die Gepäckstangen ab, knüpfe die Tragriemen los und lasse sie frei laufen. Ich weiß nicht, wie lange mein Zelt hier draußen stehen wird. Aber ich säubere den Stellplatz, stecke die Stäbe sorgfältig zusammen, rolle die Lederdecken glatt aus, schlage die Pflöcke fest und vergewissere mich, daß die Spannriemen richtig befestigt sind.

Später am Tag sitzen wir uns in Nunahs Zelt gegenüber. Nunah bietet mir Tee an. Er schmeckt bitter, wie ich ihn mag, aber er riecht leicht faulig. Trotzdem bin ich froh um das warme Getränk, denn mir ist draußen in dem naßkalten Wind fröstelig geworden.

»Du hast seinen Verbündeten also gefunden, sagst du«, stellt Nunah fest. »Der Angakoq hatte ihn doch in dir versteckt.«

»Aber du wirst von mir nichts über sein Seelentier erfahren«, erwidere ich.

»Vielleicht doch«, meint Nunah, ohne die Stimme anzuheben. »Ich habe nämlich auch meine Verbündeten. Weißt du, was ein Tupilak ist?«

»Nein«, sage ich.

»Ein Tupilak ist ein Seelentierfänger«, erklärt er. »Ich habe ihn von einem Heiler aus dem Südland. Du wirst ihn zu sehen bekommen, wenn wir nachher fliegen.«

»Ich fliege, wann ich will«, erkläre ich verächtlich. »Nicht wann ich muß.«

»Nun, Qila, du mußt«, erwidert er. »Ich werde dir die Seele aus dem Leib jagen.«

»Du kannst mich nicht einschüchtern, Nunah«, sage ich. »Ich bin in dein Zelt gekommen, um mir mein Recht zu holen. Du hast meine Leute mit Lügenworten gegen mich aufgebracht.«

Nunah lächelt nachsichtig. »Wir werden darüber sprechen, sobald ich Mirs Krafttier habe.«

»Rede nicht so, oder du siehst mich nicht mehr«, sage ich böse. »Ich gehe, und meine Leute werden die Wahrheit über dich erfahren. Dann werden wir ja sehen, was geschieht. Diesmal werden sie nämlich dich über den Zaun jagen.«

»Geh, wenn du kannst«, sagt Nunah gelassen. »Du wirst sehen, weit kommst du nicht.«

Es ist wahr. Ein Gefühl von Schläfrigkeit überkommt mich. Meine Bewegungen werden träge, und als ich aufstehe, torkeln mir die Beine. »Was hast du mit mir gemacht?« frage ich mit verzerrter Stimme.

»Es ist der Tee«, höre ich Nunah in der Ferne. »Du hast Flugtee getrunken. Aus Pilzen. Die Geister von weichen, weißen Stielen mit roten, hellgetupften Hüten waren darin. Du wirst fliegen. Und ich werde den Tupilak herbeitrommeln.«

Ich fliege, aber es ist anders als sonst. Es ist, als kämpfe ich gegen einen schrecklichen Wind an. Es verschlägt mir den Atem, es nimmt mir die Luft. Ich habe das Gefühl zu ersticken. Aber etwas hinter mir stößt mich. Ich wage nicht, mich umzusehen. Ich muß gehen. Die Angst sitzt mir im Nacken. Ich höre Nunahs Trommel. Sie verfolgt mich mit mißtönenden Schlägen. Ein ganzes Trommelfeuer geht auf mich nieder.

»Bisonfrau, Bisonfrau, hilf mir«, stöhne ich.

Da ist sie, mit ihrer schweren Doppelmähne an Hals und Rücken. Ihr Schwanz zuckt auf, die Nüstern schnauben, ihre Hufe scharren, ich selbst bin Bisonfrau. Und vor mir, hinterm Himmelsrand, taucht Tupilak auf, das Skelett einer Hyäne. Seine Gliedmaße sind voll Klauen, die Fänge stehen voll spitzer Hauer. Er kriecht auf mich zu. Oh, was für ein Mißgeschöpf! Tupilaks Augen haben den bösen Blick, ein Schwanz aus Leichenhaaren schleift hinter ihm, Modergeruch schlägt mir entgegen. Ich spüre die Bisonwut, stürme auf ihn los, höre meine Hufe donnern, sehe meine Hörner schwingen. Die Trommel drängt, Tupilak wächst mir entgegen. Ich renne gegen Nunahs Seelentier an, versuche es von neuem und wieder, doch Tupilak ist mir über. Ich bin am Boden, er fetzt mich auseinander, Tupilak reißt mir die Seele aus dem Bauch. Da flattert die Eule um mich, ich sehe ihren dicken Schnabel in meinem Gesicht, ihre Flügel beschatten den Himmel, füllen ihn aus, die Krallen fassen Nunahs Seelenfänger. Seine Trommel schreit auf und verstummt. Tupilak duckt sich, die Gelenke lösen sich, und der Schädel bleibt mit leeren Augen am Himmelsrand liegen.

Ich merke nicht, wie ich in meinen Körper zurückfalle. Ich sehe mich nur aufstehen, muß mich erbrechen, ich sehe mich das Zelt verlassen und komme bis an den Zaun. Meine Hände sind kalt, Schweiß rinnt über den Rücken, und der Fäulnisgestank ist noch immer um mich, der Atem von Nunahs Seelentier. Die Gestalten zwischen den Hütten müssen meine Leute sein. Ich kann sie nicht richtig wahrnehmen, mein ganzes Blickfeld ist verzerrt. Aber ich sehe, wie Lao ihr Kind weggibt und auf mich zurennt. Es dauert endlos, bis sie bei mir ist. Laos Gestalt wirkt sonderbar verzogen. Sie ist in der Mitte viel kleiner als oben, und die Beine stehen irgendwie verkehrt unter ihrem Bauch. Auch meine eigenen Hände sehen so merkwürdig aus. Sie sind riesengroß, und ich könnte Lao zwischen meinen Fingern verschwinden lassen.

»Darf ich die Augen zumachen?« frage ich Lao.

»Ich führe dich, mach sie zu«, antwortet sie.

»Muß ich Angst haben?« frage ich.

»Nein, ich bringe dich in meine Hütte«, sagt Lao. »Du schläfst bei mir. Genau wie früher. Erinnerst du dich?«

Ich merke, daß Lao gut zu mir ist. Sie leitet mich Schritt für Schritt, sie zieht mich aus, wäscht mich und legt sich zu mir.

In der Nacht wache ich auf. Die Öllampe brennt, Lao liegt vornübergebeugt und stillt ihr Kind. Sie murmelt dem Kleinen zu, legt es sich auf den Bauch, daß es aufstoßen kann, und streckt sich später wieder an meiner Seite aus.

»Lao«, sage ich halblaut. »Wo ist Milak? Wo sind meine Leute? Ich habe sie gestern nicht gesehen.«

»Milak ist mit Buni und den Kindern am Ruckenberg geblieben, als wir anderen losgingen. Vielleicht war es wegen dir«, antwortet sie.

»Und Iwi?« frage ich.

»Sie hat unterwegs ihre Zeit aufgebraucht«, sagt Lao. »Und Ome ist im Gletscherfluß geblieben. Aber hier im Land sind zwei neue Leute zu uns gekommen, Art und Tschuang.«

»Seit wann stehen eure Hütten hier?« erkundige ich mich.

»Seit dem Frostmond, wenn sich die Tiere vergraben«, antwortet sie. »Doch wir haben schon den Sommer am Fluß verbracht.«

»Ich habe von einem Frühling bis zum anderen gebraucht, um hierher zu kommen«, sage ich.

»Nunah hat uns gut geführt«, erklärt Lao. »Er hat uns in ein menschenfreundliches Land gebracht. Die Mutter gibt uns reichlich zum Leben. Wir müssen keine Hungerwinter mehr fürchten.«

»Ja, überall steht Wild«, bestätige ich. »Ist das Kleine euer Kindeskeim? Ich meine, ist es von dir und Nunah?«

»Ja«, sagt Lao. »Das Kleine hat in meinem Bauch den ganzen Marsch mitgemacht. Unterwegs habe ich manchmal gedacht, wir beide schaffen es nicht. Ohne Nunah wären wir verloren gewesen.«

»Aber du lebst nicht mit ihm?« frage ich.

»Doch, aber er bleibt in seinem Zelt, und ich wohne hier«, erklärt sie »Nunah bleibt für sich. Niemand darf in sein Zelt, auch ich nicht.«

Wir schweigen eine Weile. Es ist schön, bei Lao zu liegen, ihre Haut zu spüren, ihre Milch zu riechen. Ich reibe meine Nase an ihr, und wir lachen.

»Und was soll jetzt mit dir werden? Wirst du bei uns bleiben?« will Lao plötzlich wissen.

»Ich habe noch nicht darüber nachgedacht«, antworte ich. »Aber Nunah hat mich mit Lügenworten davongejagt. Darüber will ich morgen mit unseren Leuten reden.«

»Das brauchst du nicht«, meint sie und regt sich unruhig

neben mir. »Wir wissen es alle. Er wollte dich loswerden. Aber du hast dich auch nicht gewehrt.«

»Ich war halbtot vor Angst, er hatte mich bedroht und geschlagen«, erkläre ich ihr. »Vor allem war er ein Mann mit starken Worten. Ja, ich habe ihm geglaubt, daß ich euch Unglück bringe. Da bin ich gegangen.«

»Und was jetzt? Was weiter?« drängt Lao.

»Nur einer von uns kann bleiben, ich oder er«, erwidere ich. »Einer muß über den Zaun. Und diesmal ist Nunah dran.«

»Dann bringst du uns alle auseinander«, sagt Lao. »Die einen halten zu ihm, die anderen zu dir. Und was dann?«

Ich weiß keine Antwort. Und so liegen wir stumm, Seite an Seite, jeder mit seinen Gedanken beschäftigt.

Unseren Leuten geht es gut hier, das sehe ich. Habe ich das Recht, sie gegeneinander aufzubringen? Und in was für eine Lage bringe ich Lao? Soll sie sich zwischen mir und Nunah entscheiden?

Fragen über Fragen, die ich nicht lösen kann. Warum ist alles nur so schwer? Warum können wir nicht unbeschwert leben und müssen uns statt dessen quälen und plagen, um unser Leben zu erhalten?

Jedes Jahr müssen wir Eis und Schneestürme fürchten, in unseren Körpern nisten sich Krankheitsgeister ein, Mikel bekommt verkehrte Wehen, wir nehmen den Tieren die Seelen, um selbst zu überleben, und ich muß die Kraft fürchten, die mich heil macht. Warum ist das alles so schwierig, warum? Warum duldet uns die Mutter so schwer auf ihrer Erde, wenn sie es doch ist, die den Kindeskeim in Menschenmütter pflanzt? Warum ist alles so voll Fragen, warum nur?

Den ganzen nächsten Tag warte ich unruhig, daß Nunah endlich erscheint. Aber in seinem Zelt rührt sich nichts.

»Manchmal läßt er sich zwei Tage lang nicht sehen«, sagt Lao. »Aber wir lassen ihn gewähren. Nunah ist schließlich unser Angakoq.«

Ich hocke in der Zwischenzeit bei unseren Leuten und gehe nur zum Zaun, um meine Wolfshunde abzufüttern. In den Hütten fragt keiner nach meinem bisherigen Ergehen, und ich berichte nur das Nötigste. Die Leute haben genug damit zu tun, auf sich selbst zu achten, was soll ich sie mit meinen Angelegenheiten beschweren. Und keiner erwähnt auch nur den Tag, an dem mich Ome über den Zaun jagte. Wir unterhalten uns, reden zusammen, aber öffnen uns einander nicht. Ich habe den Eindruck, daß alle abwarten, wie Nunah sich zu mir stellen wird.

Nachts schlafe ich wieder bei Lao. Ich erzähle ihr aus meiner Zeit mit Ardjuaq und beschwere mich, daß die Mutter mich noch immer nicht dem Mond geöffnet hat.

Lao lacht. »Es sieht aber ganz so aus, als werde sie das sehr bald tun«, meint sie. »Du bist von einem zum anderen Frühling zur Frau geworden. Zieht es dir noch nicht ab und zu im Bauch?«

»Nein«, sage ich ärgerlich. »Vielleicht hat mich die Mutter vergessen.«

Auch am nachfolgenden Tag bleibt der Vorhang von Nunahs Zelt geschlossen. Als sich auch am nächsten Morgen kein Herdrauch zeigt, gehe ich allein hinein.

Nunah liegt auf dem Boden. Fast wie Mir, die Hände zum Flug ausgebreitet. Im Kochbeutel sind noch die ausgekühlten Steine, und der Bodensatz in dem Gefäß verbreitet einen ekelerregenden, fauligen Gestank. Die Asche im Herd ist verklumpt und gefroren. Ich setze mich zu Nunah und trauere um ihn. Er wollte fliegen und konnte nicht. Mit dem Pilztee schaffte er allenfalls ein paar Luftsprünge, mehr nicht, und das wußte er. Beim letztenmal ist er zu weit gesprungen und kam nicht mehr über den Zaun zurück. Ja, ich trauere. Seit ich Ardjuaq verließ, weiß ich, daß keiner sich die Kraft aussuchen kann. Sie sucht dich heim. Und wenn sie dich ausspart, murre nicht und fordere sie nicht heraus, wie Nunah das tat. Die Kraft des Angakoq ist keine Spielerei.

Eine Strecke bergaufwärts finde ich eine Nische für Nunah, in der er mit dem Gesicht zum Sonnenuntergangsland liegen kann. Ich schleppe nacheinander alles hoch, was er für seine Reise braucht. Kleidung, Schmuck, Geräte, Nahrung und Waffen. Unter seinen Sachen im Zelt kommt auch die Trommel des Angakoq zum Vorschein. Nunah hat sie bei sich behalten. Einen Augenblick erwäge ich, die Trommel an mich zu nehmen, denn zuletzt hat Mir mit ihr meine Seele festgetrommelt. Aber vielleicht scheue ich mich gerade deswegen, sie zu berühren, mit ihr zu sprechen. Mir ist, als wohne immer noch in ihr das mächtige Etwas, die Mondleutekraft. Ich hülle das Gerät in weiches Leder und lege sie zu den Sachen, die ich bergauf trage. Papik hilft mir, Nunahs Körper über den Zaun zu heben. Ich habe es geschafft, ihm seine schöne

Schmuckjacke überzuziehen, und am Schluß werde ich das Innere der Felsnische mit Ocker bestreuen, dem Erdblut der Mutter. Sie soll den Schlafenden deutlich sehen und Nunah den Weg ins Sonnenuntergangsland öffnen.

Als ich zurück bin, ruft Papik unsere Leute zusammen. Einige haben sich Trauerasche ins Haar gerieben. Ich auch. Anderen sehe ich die Erleichterung an, daß Nunahs Zelt mit hochgerollten Wänden offensteht und ausgeräumt ist. Niemand muß fürchten, daß sein Schatten wiederkehrt, denn ich habe Nunah sein ganzes Hab und Gut mit auf die Reise gegeben.

»Bevor die beiden Fremden kamen, waren wir eine Seele mit vielen Händen«, sagt Papik. »So soll es wieder sein. Die Mutter versorgt uns reichlich. Wir haben Kleidung, soviel wir brauchen, und genug Nahrung, daß keiner sein Neugeborenes über den Zaun tragen muß. Wir wollen uns an den Händen fassen und unser ganzes Gefühl vereinigen. Alles, was zwischen uns stand, wollen wir begraben und alle Männer einen einzigen Mann und alle Frauen eine Frau heißen. Qila ist zu uns zurückgekehrt. Ich möchte sie bitten, daß sie mit uns vor der Mutter tanzt, damit die Erdmutter uns sieht und sich freut, daß ihre Geschöpfe fröhlich sind.«

»Papik hat für uns die richtigen Worte gefunden«, ruft Yaw.

»Und wirst du mit uns tanzen?« fragt mich Papik.

»Ja, das will ich«, sage ich und freue mich.

Es soll mein Abschied sein, denn morgen will ich weiter. Papiks Worte haben mir die Augen geöffnet. Es ist richtig, unsere Leute müssen wieder ihre Gefühle vereinigen, ein Mann, eine Frau sein, eine einzige Seele mit vielen Händen. Aber gerade darum kann ich nicht bleiben. Denn ich muß meine Seele für mich haben. Anders kann ich nicht leben. Ich werde mit meinen Leuten tanzen, ich werde die Trommel wecken, ich werde für sie singen. Danach werden Frauen und Männer ihre Gefühle vereinigen und ihre Herzen zueinander kommen lassen. Ich aber gehe zum letztenmal über den Zaun. Ich weiß jetzt, daß mein Platz auf der anderen Seite ist.

Von einem zum anderen wachsenden Mond steige ich durchs Gebirge und halte mich in die Richtung des abendlichen Dämmersterns. Nur Wölfchen begleitet mich. Erks Schlittenwölfe haben sich zwischendurch selbständig gemacht, und ich trage mein Bündel alleine. Ich trage nicht schwer daran, denn ich benötige nicht viel. Die Erde ist freundlich zu mir, und meine Gefühle fliegen meinen Schritten voraus zu den Hügeln, auf denen die Mutterfrau tanzt.
Heute betrete ich ihr Land. Vom Sonnenuntergangsland wandern mir ihre Hügel entgegen, steigen in grünen Wellen zu mir empor, heißen mich willkommen und geleiten mich zu ihren Seen und den vielarmigen Flüssen, die in den Tälern ihre Hänge umschließen. Ich habe meine Schuhe ausgezogen und berühre mit nackten Sohlen die frische Erdhaut. Ich weiß, daß die Mutterfrau hier auf mich wartet, daß sie mich dulden wird und ich bleiben darf.

Vereinzelt stoße ich auf menschliche Spuren. In einem Tal bemerke ich den schwebenden Geruch eines entfernten Herdfeuers, dort im Fluß erkenne ich ein aufgelassenes Stauwehr, gestern erblickte ich über mir auf dem Hügelkamm zwei Jäger und eine Frau mit ihrem Kind in der Kapuze. Doch ich suche nicht die Nähe von Menschen. Irgendwann, irgendwo wird es sich von selbst ergeben, daß wir uns begegnen. Zuerst will ich auskundschaften, wo das Land mir eine Bleibe bietet.

Mit Wölfchen auf den Fersen durchstreife ich die gewundenen Täler. Über weite Strecken werden sie von unterhöhlten Felsbändern begleitet, die mir nachts Obdach gewähren. Das warmgelbe Gestein fühlt sich an wie menschliche Haut. Und überall in der bloßliegenden Steinhaut finde ich weiche Mulden und Einbuchtungen, enge und geräumige Höhlengänge, die in den dunklen Schoß der Erde führen. Das Land kann die Fülle von Leben kaum fassen. Enten gründeln und rupfen Wasserpflanzen, dort liegt eine Handvoll Eier, Kaulquappen wimmeln in den Tümpeln, die Luft riecht nach Thymian, Äste und Ranken biegen sich unter schweren Honignestern, und wurzelfester Wald beschattet die Ufer der Bäche und Flüsse.

Es gibt eine Unzahl von Dingen mit Wurzeln, Flügeln und Beinen, deren Namen ich nicht kenne.

Einen Mond lang wandere ich kreuz und quer durchs Land, schwimme, teile mit Wölfchen gebratenen Fisch, pflücke süße Kräuter, lese Nüsse vom Vorjahr auf, folge immer neuen Höhenzügen und Gewässern und warte auf ein Zeichen, das mir sagt, wo ich mich niederlassen kann und ansässig werden soll.

In einem kleinen Flußtal erreicht es mich, ungesucht, aber das Zeichen ist nicht zu übersehen. Während ich unter einem Felsband sitze und draußen einen Regenguß vorübergehen lasse, bleibt mein Blick an einigen Steinblöcken hängen, die vor dem Felsüberhang im Regen stehen. Es ist, als hätten sie sich dort hingestellt und warteten auf jemand, mit dem sie verabredet sind. Ich kauere mich auf die Zehen, lege meine Tasche ab und schaue abwechselnd über das regenverhangene Tal, dann wieder auf die Steingruppe vor mir. Ich werde das Gefühl nicht los, angeschaut zu werden. Was versteckt sich da? Ich sehe mich um und betrachte meine Unterkunft. Frische Knochen liegen verstreut in der Nähe, vermutlich die Reste einer Hyänenmahlzeit. Antilopen und Pferdestuten mit ihren Saugfohlen werden in der heißen Jahreszeit unter dem Überhang Schatten suchen. In der benachbarten Höhle werden Bären Winterschlaf halten, und möglicherweise haben hier auch schon Menschen gewohnt. Das Dach über meinem Kopf bietet viel Raum für Tiere und Menschen, und die Steine da vorn haben alles, was hier geschah, mit angesehen. Sie sahen die Bärin mit ihren Jungen, Menschen, die beim Feuer lagerten, sie hörten das Rascheln von Mäusen und Wieseln, sie begleiteten die Geschöpfe der Erdmutter durch Sommer und Winter, sahen Geburt und Tod. Jetzt sehen sie Wölfchen und mich. Ich setze mich zu meiner Trommel, wecke sie auf und rede mit den Steinen, die mich erwartet haben. Und als das Gewitter aus dem Tal gezogen ist, hole ich die Figur der Mutterfrau aus meiner Tasche, stecke sie auf einen Knochen und stelle sie zu den steinernen Gestalten. Ich bin angekommen. Hier unter dem Felsdach über dem Fluß soll meine Hütte stehen.

Gleich morgens renne ich ins Tal, wasche mich und schleppe einen Arm voll Kiesel zu meinem Wohnplatz hinauf. Unterwegs entdecke ich zwei niedrige, flüchtig aus Astwerk und Zweigen zusammengesteckte Hüttendächer, unter denen vielleicht streifende Jäger übernachtet haben. Es sind also Menschen in der Nähe. Oben bei den Steinen setze ich mich unter mein Dach, schlage die Kiesel zu scharfen Spitzen und Kanten zurecht, suche Geweihsprossen, die ich zum Meißeln und Feilen brauche, und lege alles zu Füßen des größten Steinblocks ab.

Ich schließe meine Augen und streiche mit den Fingerspitzen über die warmgelbe Steinhaut, die jetzt schon Sonnenkraft speichert. Irgend etwas ist da, ich könnte es mit den Händen greifen. Etwas, das mich anschaut, anspricht, etwas, das darauf wartet, herausgelassen zu werden. Ich spüre, daß es die Mutterfrau ist, denn sie hat mir das Zeichen gegeben. Doch ich sehe ihre Gestalt nicht. Sie steckt noch im Stein. Ich steige aus meinen Anziehsachen, stehe nackt vor ihr, suche nach meiner rotschwarzen, aus Pferdehaar geflochtenen Hüftschnur, lege Ketten und Reifen an, mache mich schön und beginne für sie zu tanzen. Ich tanze, trommele und singe, bis ich ihre Gestalt deutlich wahrnehme und spüre, daß auch meine Hände bereit sind.

Prall und voll sehe ich sie im Stein, schön rundlich wie meine kleine Mutterfrau, doch viel stattlicher als sie. Sie scheint eher zu schweben als zu stehen, denn ihre Füße sind fast unsichtbar. Aber die nach oben zu den breiten Hüften laufenden Waden, die Schenkel und ihr Gebärdreieck haben kräftige, fleischige Formen. Ihre linke Hand deutet gegen den eingetieften Nabel unter den schweren Brüsten, rechts hebt sie ein großes Bisonhorn in Augenhöhe empor und blickt in dessen Öffnung. Als Schmuck trägt sie nur einen schmalen Gürtel, aber ihr Haar fällt üppig und reich über die linke Schulter.

Ich öffne den Block mit Hammerschlägen, meißele und behaue den Stein, verbringe Tage in einer Wolke von Lärm. Die Geräusche hallen, verstärkt vom Felsüberhang, ins Tal, über die Hügel und kehren als Echo zu mir zurück. Sie rufen Menschen herbei, sammelnde Frauen mit ihren Kindern, Jäger, die ihre Fallen abgehen. Sie umstehen mich während der Arbeit, verfolgen meine Hände, sehen, wie die Mutterfrau aus dem Stein tritt, werfen mir zwischendurch ein Lächeln zu und unterhalten sich halblaut. Ich arbeite im Sonnenlicht und Regen, manchmal noch im Mond- und Feuerschein. Die Besucher versorgen mich. Jemand legt frische Erdbeeren unter mein Dach, andere laden mich an ihr Feuer, jemand gibt mir aus seinem Beutel Tee zu trinken. Es ist gut, daß sie alle dabei sind und zusehen, wie der verschlossene Stein aufgeht, die Erdmutter Gestalt annimmt und zu ihnen kommt. Meine Besucher werden wiederkehren und mit mir vor ihr tanzen, daß die Erde ihre Kindeskeime in

Mensch und Tier vermehrt, daß Nüsse und Beeren wachsen und das Land fruchtbar bleibt, damit wir unser Leben erhalten.

Zum Schluß nehme ich mir kaum Zeit zu schlafen. Ich bin ungeduldig, den Stein fertig zu sehen. Ich schleife die Körperrundungen, bis ich keine Unebenheiten mehr spüre und die Haut der Erdmutter so glatt ist, daß sie sich angenehm anfaßt und ich sie streicheln kann. Dreizehn Monate habe ich gebraucht, bis ich hierher kam, und dreizehn Kerben schlage ich in das Bisonhorn, die Zahl, welche die Mondhörner brauchen, um ein Jahr zu vollenden. Heute nacht färbe ich die Mutterfrau und mich mit rotem Erdblut ein, wecke meine Trommel, singe und tanze vor ihr.

Meine Arbeit ist geschehen, und während ich tanze, spüre ich, wie der volle Mond in meinem Bauch zieht. Diesmal werde ich mit ihm sein, die Mutter wird mich öffnen, und morgen werde ich Wollgras pflücken. Ich bin endlich ganz zur Frau geworden. Und ich werde nicht alleine bleiben. Irgendwann wird ein Mädchen, wie ich es war, bei mir sitzen, und ich werde ihr diese Geschichte erzählen. Vielleicht wird sie meine Hütte mit mir teilen wollen, und wir werden beide vor der Mutterfrau tanzen und ihr dienen. Denn die meisten Wesen dieser Welt betrachten den Menschen als Eindringling, und wir müssen der Erde zureden, daß sie die menschlichen Wesen duldet.

WESTEUROPA
in der Cro-Magnon-Zeit

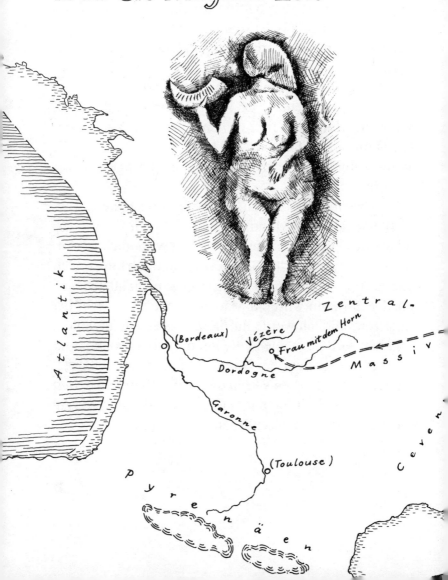

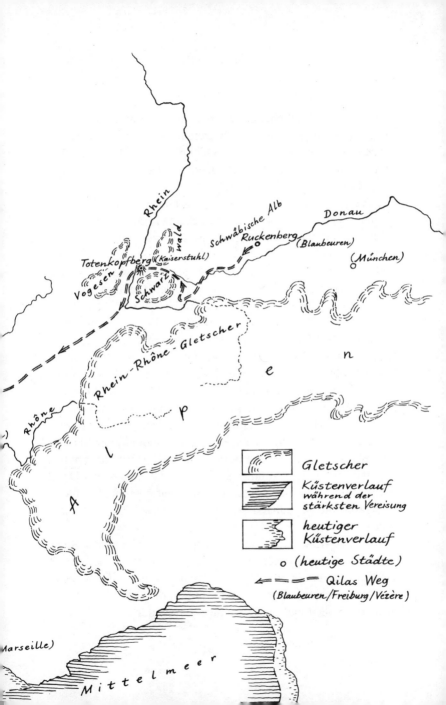

Nachwort

Dieses Buch erzählt eine Geschichte aus der Frühzeit des Menschen in der Steinzeit. Wie intelligent waren die Steinzeitmenschen? Funktionierte ihr Gehirn wie bei uns? Oder eher so wie bei einem Kindergartenkind? Oder waren sie intelligent wie kluge Tiere, zum Beispiel wie Schimpansen oder Gorillas?
Die Antwort der Forscher des vorigen Jahrhunderts war eindeutig. Nach ihrer Auskunft hatte der Mensch erst in der Nachsteinzeit sein volles Denkvermögen erworben, also etwa zur Zeit der Pyramidenbauer, und vollends erst dann, als die griechischen Philosophen das logische Denken entdeckten. Den »rohen Naturkindern« der Vorzeit gestand man nur eine eingeschränkte, niedere Gehirnleistung zu. Sie waren bestenfalls mit den »Wilden« im Urwald zu vergleichen, und das waren angeblich kulturlose Primitive, die nur darauf warteten, von den Industrienationen kolonisiert zu werden. Das Bild vom keulenschwingenden Vorfahren des Kulturmenschen hat sich bis heute in den Köpfen festgesetzt, die elektronischen Medien und Comics konservieren das Vorurteil, und in der Umgangssprache lebt der Begriff des Steinzeitmenschen als Schelt- und Drohwort weiter fort. So prahlten US-Militärs während des Vietnamkrieges: »Wir werden sie zurück in die Steinzeit bomben!«, und auf dem Höhepunkt der Antiatombewegung warb die Energieindustrie der Bundesrepublik für Atomstrom mit dem Aufkleber: »Steinzeit? Nein danke!« Das Zerrbild des düsteren, ungeschlachten Steinzeitmenschen mußte dafür herhalten, die Segnungen des Fortschritts sinnfällig vor Augen zu führen.
Die heutige Wissenschaft hat allerdings ihr Urteil über den Steinzeitmenschen längst revidiert. Bereits dem Neandertaler, der weite Teile von Europa, Asien und Afrika bewohnte, schreibt der bedeutende Vergangenheitsforscher André Leroi-Gourhan ein Gehirn zu, »das nicht sonderlich anders funktioniert haben dürfte als das unsere.«

Das gilt erst recht von unserem direkten Vorfahren, auf dessen Überreste man erstmals bei Cro-Magnon im Südwesten Frankreichs stieß. Der nach seinem ersten Fundort benannte »Cro-Magnon-Mensch« hatte bereits ein völlig neuzeitliches Aussehen. Weder seine Schädelform noch sein Körperbau unterschieden ihn von einem beliebigen heutigen Durchschnittsbürger. In Europa läßt sich seine Anwesenheit vierzig Jahrtausende zurückverfolgen, doch seine Spuren sind inzwischen weltweit gesichert. Der Cro-Magnon-Mensch überquerte, von Asien kommend, die Beringstraße und drang in den menschenleeren amerikanischen Kontinent ein, fischte an Afrikas Küsten, erreichte selbst das entlegene Australien, folgte dem Bison, Mammut und Rentier durch die eisigen Tundren Eurasiens und bewies damit seine globale Anpassungsfähigkeit und einen erstaunlichen Unternehmungsgeist.*

Generationen von Forschern haben ihren Fleiß darauf verwandt, die Spuren unserer verschollenen Vorfahren zu sichern, und wer weiß, was unter dem Schutt der Jahrtausende noch alles zum Vorschein kommt.

Trotz des enormen Forschungsaufwands kennen wir aber eigentlich erst den Inhalt der Werkzeugkästen des Steinzeitmenschen annähernd genau. Ein Werkzeugkasten verrät uns etwas über die äußeren Lebensumstände seines Besitzers, aber er sagt uns nichts über sein Lieblingsessen oder seine Philosophie. Die Lieder und Tänze, die Geschichten, die sich die Steinzeitleute erzählten, sind für uns unwiederbringlich verloren.

Wir wüßten gern, wie sie ihre Kinder aufwachsen ließen, welchen Regeln ihr Zusammenleben folgte und wie sie ihren Gefühlen Ausdruck gaben, doch dabei hilft uns die Kenntnis der Werkzeugkästen nur wenig. Die Bohrer, Messerklingen, Schaber, Nähnadeln, Speerspitzen und Farbreste geben uns überdies nur einen begrenzten Aufschluß über Schuhwerk und Kleiderschnitte, Flecht- und Färbetechniken,

---

* Eine Zusammenfassung der gegenwärtigen Forschungsergebnisse über das Leben des Cro-Magnon-Menschen gibt das Buch von Tom Prideaux: Der Cro-Magnon-Mensch. Time-Life International (Nederland) B.V. 1975

Körbe und Behälter und all die übrigen aus vergänglichem Material gefertigten Gebrauchsgegenstände, mit denen sich die Steinzeitleute umgaben. Unser bisheriger Kenntnisstand reicht nicht einmal aus, um auch nur einen einzigen Wohnplatz in allen Einzelheiten rekonstruieren zu können. Vielleicht muß man sich eine Steinzeitbehausung ähnlich wie die Hütten der Indianer, Eskimos oder anderer Stammeskulturen vorstellen, doch das bleiben Vermutungen.

Trotz dieser lückenhaften Forschungsergebnisse gilt als sicher, daß der Cro-Magnon-Mensch über ein Denkvermögen verfügte, das dem unseren nicht nachstand. Das belegt seine Schädelanatomie ebenso wie seine ausgeklügelte Werkzeugtechnik, und das beweist nicht zuletzt seine künstlerische Begabung, die in Schnitzereien und Höhlenmalereien ihren genialen Ausdruck fand. Felswände und viele Gebrauchsgegenstände enthalten darüber hinaus geometrisch stilisierte Kleinformen, Pfeile und Haken, Ovale, Kreise, Dreiecke, Rechtecke, Linien und Punktreihen, die sich als Schriftzeichen begreifen lassen, wenn man unter Schrift die zeichenhafte Wiedergabe von Mitteilungen versteht. Leider können wir die Symbole im einzelnen noch nicht sicher deuten. Wenn es uns gelänge, sie zu lesen, stünde uns zum ersten Mal ein direkter Zugang zu der Gedankenwelt unserer Vorfahren offen. Viele Forscher bemühen sich darum, die Zeichen der Steinzeitmenschen zu entschlüsseln.

In diesem Zusammenhang erregten die Arbeiten von Alexander Marshack besonderes Aufsehen. Marshack glaubt anhand von Kerb- und Ritzzeichen des Cro-Magnon-Menschen dartun zu können, daß unsere Vorfahren sich schon vor über dreißig Jahrtausenden darauf verstanden, den Mond als Himmelsuhr zu benutzen. Um diese These zu würdigen, muß man sich vor Augen halten, daß wir als Kinder Jahre brauchten, bis wir den Zeigerstand der Uhr in Informationen umzusetzen lernten. Der Mond stellt jedoch ein weitaus komplizierteres Zeitmeßinstrument dar. Denn der Erdsatellit geht nicht schön im Kreis wie die Zeiger, sondern seine Bahn zeigt eine Menge von scheinbaren Unregelmäßigkeiten, hinter denen erst der geübte Beobachter die Gesetzmäßigkeit erkennt.

Waren die Cro-Magnon-Menschen mit dem Mondkalender vertraut, dann konnten Frauen den Zeitpunkt ihrer Niederkunft berechnen, die Jäger waren in der Lage, sich auf die jahreszeitlichen Wanderungen der Bison- und Rentierherden einzustellen, und man war imstande, den jährlichen Wechsel von Sommer- und Winterlager zeitlich vorauszuplanen und eine kalkulierte Vorratswirtschaft zu betreiben, um nur einige Anwendungsbeispiele aufzuzählen. Sie veranschaulichen Marshacks These, daß die Fähigkeit, die halt- und ruhelose Zeit festschreiben zu können, für unsere Vorfahren unentbehrlich gewesen sein muß. Gelingt es der Forschung, diese These weiter zu erhärten, wäre damit der letzte Beweis erbracht, daß der Cro-Magnon-Mensch bereits über ein Intelligenzvermögen verfügte, das dem unseren in jeder Hinsicht ebenbürtig gewesen sein mußte.

Mit dem Hinweis auf die Intelligenz des Cro-Magnon-Menschen soll nun aber nicht behauptet werden, daß er auch dieselbe Weltsicht gehabt hätte wie wir. Das Gegenteil ist wahrscheinlicher. Denn während für uns der Mensch im Mittelpunkt aller Dinge steht, tauchen Menschengestalten in der Eiszeitkunst eher als Randfiguren neben den alles überragenden Tiergestalten auf. In die gleiche Richtung deuten die kleinen Skulpturen aus Elfenbein oder Stein, die zumeist füllige Mutterfiguren darstellen, und in diesen Zusammenhang gehören auch die in Fels gehauenen weiblichen Reliefs, die den frühesten Epochen der Eiszeitkunst zugeordnet werden. Wir verstehen sie wohl mit Recht als Fruchtbarkeitssymbole, dürfen daraus aber nicht den Schluß ziehen, der Cro-Magnon-Mensch hätte bereits den Himmel mit menschenähnlichen Göttern ausgestattet. Daß man die Fruchtbarkeit der Erde gerade in einer Menschenfrau verkörpert sah, erklärt sich einfach aus der Tatsache, daß ihre Schwangerschaft augenfälliger ist als bei den übrigen Säugern. Als Erdmutter, so müssen wir annehmen, symbolisierte die weibliche Kunstgestalt Fruchtbarkeit schlechthin. Also nicht nur die menschliche Fortpflanzungsfähigkeit, sondern ebensosehr das Wachstum der Pflanzen wie die Vermehrung des Jagdwildes. Aus all dem folgt, daß die Welt für den Cro-Magnon-Menschen ein Ganzes darstellte, als dessen Teil er sich fühlte. Vielleicht erschauerte er vor der »grenzenlosen animalischen Flut, die den Menschen, der sich eingeschlichen hat, zu ertränken droht«, wie Georges Bataille, einer der einfühlsamsten Interpreten der Eiszeitkunst, vermutet. Keinesfalls sahen sich unsere Vorfahren der Schöpfung gegenüber in einer übergeordneten Stellung, so wie wir das heute tun. Eher wird sie das schiere Übergewicht der Welt erdrückt haben. Gerade ihre Kunst wird man als einen Versuch werten müssen, das bedrängende große Ganze der Welt dadurch in den Griff zu bekommen, daß sie es deuteten und in eine überschaubare Ordnung überführten.

Der Cro-Magnon-Mensch war ein Lebewesen mit hochentwickeltem Sinn für Schönheit und Präzisionsarbeit, er war fähig, begrifflich zu denken und sich auszudrücken, aber wie sah es in seinem Inneren aus? Wovon träumte man in der Steinzeit? Welche Gefühle bewegten die Menschen? Was versetzte einen Cro-Magnon-Menschen in Wut, worüber weinte er? Hier sind wir vollends auf Vermutungen angewiesen. Doch ein bloß »dumpfes Gefühlsleben«, wie es die frühere Forschung ihm unterstellte, wird man dem Cro-Magnon-Menschen schon im Hinblick auf seine künstlerischen Leistungen kaum noch nachsagen wollen. Außerdem wissen wir, daß unser Eiszeit-Vorfahre nicht allein in der darstellenden Kunst zu Hause war, sondern auch verschiedene Musikinstrumente beherrschte, darunter Flöten und Pfeifen, und können daraus wiederum auf eine ausgeprägte Gefühlswelt schließen. Versucht man jedoch zu genaueren inhaltlichen Aussagen zu kommen, bleibt nur die Möglichkeit, sich unter den bestehenden Stammeskulturen umzuschauen und von hier aus Rückschlüsse auf die Vergangenheit zu ziehen.

Dabei fällt auf, daß die meisten dieser naturverbundenen Gesellschaften an das Vorhandensein von mehreren Seelen im Menschen glauben. Da gibt es zum Beispiel neben der Körperseele noch eine Hauch-, Schatten- oder Traumseele, eine Vorstellung, die uns verwirrt und die wir schwer nachvollziehen können, weil wir in der heutigen Zeit schon froh sind, wenn wir überhaupt noch eine Seele haben. Die breite Auffächerung des Seelenlebens in den Stammeskulturen deutet darauf hin, daß für Südseeinsulaner, Eskimos oder die Kun-San im südlichen Afrika Stimmungen und Gefühle weit stärker im Vordergrund stehen als in unseren modernen Gesellschaften. Zum unentbehrlichen Bestandteil dieser Kulturen gehört darum der Heiler, der Schamane oder, wie es in der Eskimosprache heißt, ein Angakoq. Er ist darauf spezialisiert, Gefühle in richtige Bahnen zu lenken und zu ordnen, den Gruppenzusammenhalt zu gewährleisten und, indem er sich in Trance versetzt, auf der Ebene des Unbewußten heilenden Kontakt mit einem Kranken und der Gruppe aufzunehmen. Ehe er seine Berufung erfährt, hat er, wie Qila, selbst meist längere Krankheitsprozesse durchlitten. Krampfartige Anfälle, Verfolgungsängste setzten ihm zu, Lähmungserscheinungen und schmerzhafte Außerkörperlichkeitserlebnisse bereiteten seine Erwählung vor. Seine eigene Krankheitsgeschichte befähigt den Heiler zu einer vertieften Einfühlung in seine Patienten. Sie hilft, die Beschwerden der Kranken zu verstehen, am eigenen Leib durchzuarbeiten, um den Heilungsvorgang einzuleiten. Ob man derartige Psychotechniken schon bis in die Steinzeit zurückdatieren darf, muß offenbleiben; allerdings schließt die Mehrzahl der Forscher die Möglichkeit nicht aus.*

Das vorliegende Buch versetzt den Leser in das eiszeitliche Europa. Der Cro-Magnon-Mensch lebte damals zwischen den skandinavischen und alpinen Gletschermassen unter ähnlichen Bedingungen wie in historischen Zeiten die Eskimos im nördlichen Kanada. Die Namen der handelnden Personen des Buches, viele sprachliche Wendungen, Vorstellungen und Gebräuche spiegeln Eskimoüberlieferungen wider.

Die Geschichte Qilas beginnt in dem heutigen Blaubeuren am Südhang der Schwäbischen Alb. Der Donauraum gehört zu den ältesten Kulturgebieten Europas; hier siedelten schon die Neandertaler, und die eiszeitlichen Sammlerinnen und Jäger hinterließen in dem Land zwischen der Alb und den Alpen reichhaltiges Fundmaterial. Erst

---

* Eine gute Einführung in die Welt der Heiler bietet das Taschenbuch von Joan Halifax: Die andere Wirklichkeit der Schamanen. Goldmann-Verlag, Bern und München 1985.

jüngst wurde in einer Talhöhle bei Blaubeuren ein neuer sensationeller Fund gemacht. Dabei handelt es sich um ein 38 Millimeter hohes Elfenbeinplättchen, aus dem die Figur eines Menschen mit erhobenen Armen und gespreizten Beinen herausgeschnitzt wurde. Die Rückseite trägt vier Reihen von kleinen Einschnitten, die sich vielleicht auf die Mondzyklen beziehen. Der Fund datiert aus der Zeit vor fünfunddreißig Jahrtausenden und ist die älteste Menschenabbildung, die wir zur Zeit auf der Welt kennen. In dem »Urgeschichtlichen Museum« von Blaubeuren sind steinzeitliche Funde des Donauraums zusammengestellt und vermitteln anhand von zum Teil lebensgroßen Rekonstruktionen ein fesselndes Bild der frühmenschlichen Entwicklung in Süddeutschland.

Der Höhepunkt der letzten Eiszeit fällt in den Zeitraum zwischen zwanzig- und siebzehntausend Jahren vor heute, als sich die nordischen und alpinen Gletscherströme in Mitteleuropa auf sechshundert Kilometer näherten.

Bäume, aber auch viele Pflanzen zogen sich damals aus dem Donauraum zurück, dafür füllten Flechten und Moose und andere kältebeständige Kräuter die Landschaft, die fortan für Jahrhunderte das Bild einer sibirischen Tundra bot. Der verminderte Pflanzenbestand mußte sich auch auf die ehemals reiche Tierwelt nachteilig ausgewirkt haben. Der Riesenhirsch verschwand, zeitweise mieden vielleicht auch die Bison- und Rentierherden den Raum, während Mammut, Wollnashorn und Hyäne sich in beschränktem Umfang weiter behaupten konnten.

Der süddeutsche Raum konnte zu dieser Zeit den Menschen kaum noch ausreichende Lebensmöglichkeiten bieten, zumindest läßt sich das aus dem mangelnden Fundgut erschließen. Die eiszeitlichen Jäger folgten wahrscheinlich den Tieren und wichen, wie Qila und ihre Leute, nach Osten oder Westen aus.

Im Tal am Ruckenberg, der sich inmitten von Blaubeuren erhebt, begegnet Qila dem Heiler. Der Angakoq ist ein Neandertal-Nachkomme, seine Körperform verrät es, aber er verständigt sich in der Sprache der Talleute. Forscher gestehen dem Neandertaler volle Sprechfähigkeit zu, wenn ihm auch die Vokale U und O sowie die Konsonanten G und K Schwierigkeiten in der Aussprache gemacht haben dürften. Der finnische Forscher Björn Kurtén vermutet, daß der Neandertaler der nordischen Breiten hellhäutig gewesen sein müsse, der später eingewanderte Cro-Magnon-Mensch dagegen einen dunkleren Teint besessen habe. Der Angakoq wird dementsprechend in diesem Buch als rothaariger weißer Mann von untersetzter Gestalt geschildert.

Der Neandertaler, oftmals verleumdet und diffamiert, war in Wirklichkeit ein religiöses Genie. Auf ihn geht nämlich die Sitte der Totenbestattung zurück, und das erste blumengeschmückte Grab der Weltgeschichte, so sieht es die Forschung, könnte ausgerechnet einem Neandertaler als letzte Ruhestätte gedient haben! Wir wissen nicht, warum der Neandertaler um die Mitte der letzten Eiszeit plötzlich wie vom Erdboden verschwunden ist. Jedoch weist der Fund eines Stirnbeins von einem Mischling zwischen ihm und dem Cro-Magnon-Menschen darauf hin, daß sich ein Teil seiner Rasse in den Jetztmenschen eingekreuzt haben dürfte.

Qilas Weg zum »Sonnenuntergangsland« führt die Donau stromaufwärts über den vergletscherten Schwarzwald durchs Rheintal in die Nähe des Kaiserstuhls und von dort aus durch die burgundische Pforte über das französische Zentralmassiv an die Vézère, einem kleinen Nebenfluß der Dordogne im südwestlichen Frankreich. Der unter warmen atlantischen Winden gelegene Landstrich an der Dordogne bot dem Cro-Magnon-Menschen einen wahrhaft paradiesischen Aufenthalt. Hier fand er Höhlen und Felsdächer als Unterkünfte, Wisente, Mammute, Rentiere und Lachse in Hülle und Fülle, Bäume und Sträucher als Brennmaterial und Feuersteine für seine Waffen, kurz, dieses Land bot alle erdenklichen Annehmlichkeiten, von denen Menschen in der Eiszeit träumen konnten.

Im Umkreis der kleinen Stadt Les-Eyzies-de-Tayac an der Vézère liegen Dutzende von Höhlen und Grotten, welche die bedeutendsten frühgeschichtlichen Kunstschätze der Menschheit beherbergen. Dazu gehört die grandiose Bilderhöhle von Lascaux, die in maßstabgerechter Nachbildung Besuchern aus aller Welt offensteht, nachdem die Originalhöhle wegen Algenbefalls der Gemälde vor Jahren geschlossen werden mußte. Nordwestlich von Les-Eyzies-de-Tayac förderten Grabungsarbeiten unter einem Felsdach ein prähistorisches Heiligtum zutage. Neben zahlreichen Gerätefunden und Schmuckresten aus Zähnen und durchbohrten Muscheln stießen die Ausgräber auf mehrere verzierte Steinplatten. Darunter befanden sich vier Reliefs weiblicher Figuren und eine männliche Darstellung. Den Mittelpunkt des Heiligtums bildete ein säulenförmiger, fast rechteckiger Felsblock, der das Relief der »Frau mit dem Horn« trug, dessen Entstehungsgeschichte die letzten Seiten dieses Buches nachzuerzählen versuchen. Das Relief wurde nach seiner Entdeckung aus dem Fels geschnitten und in das Museum von Bordeaux verbracht, ein Abguß befindet sich in dem »Prähistorischen Nationalmuseum« von Les-Eyzies-de-Tayac. Die »Frau mit dem Horn«, auch »Venus von Laussel« genannt, wird der frühesten Epoche der Kunstgeschichte zugeordnet. Sie entstand Jahrtausende vor der Hochblüte der Höhlenkunst und zählt zum unschätzbaren Kulturbesitz der Menschheit. Unausdenkliche Zeiten zogen an ihr vorbei. Heute ist ihre wie unsere Zukunft bedroht, es sei denn, wir lernten wieder, uns mit ihren Augen zu sehen und der Erde beizustehen.

Arnulf Zitelmann

Inhalt

Die Hütten im Tal *5*
Der Heiler und sein Helfer *50*
Durchs Gletscherstromland *104*
Bei den Flußleuten *138*
Die Erdmutter im Stein *188*
Nachwort *214*

Bücher von Arnulf Zitelmann

Bis zum 13. Mond
Eine Geschichte aus der Eiszeit
224 Seiten, Pappband (80026), Gulliver-Taschenbuch (78129)

Hypatia
Roman. 280 Seiten, Pappband (80195)
Auswahlliste Deutscher Jugendliteraturpreis

Jenseits von Aran
Abenteuer-Roman aus Altirland
200 Seiten, Pappband (80131), Gulliver-Taschenbuch (78042)

»Kleiner-Weg«
Abenteuer-Roman aus der Frühzeit
Mit Bildtafeln von Willi Glasauer. 200 Seiten, Pappband (80537),
Reihe Kinderbibliothek (79510), Gulliver-Taschenbuch (78039)
Auswahlliste Deutscher Jugendliteraturpreis

Nach dem Großen Glitch
Abenteuer-Roman aus der Zukunft
208 Seiten, Gulliver-Taschenbuch (78024)

Der Turmbau zu Kullab
Abenteuer-Roman aus biblischer Zeit
Mit Bildern von Arno Görlach. 240 Seiten, Pappband (80103),
Gulliver-Taschenbuch (78040)

Unter Gauklern
Abenteuer-Roman aus dem Mittelalter
188 Seiten, Pappband (80564), Gulliver-Taschenbuch (78021)

Zwölf Steine für Judäa
Abenteuer-Roman aus dem Jüdisch-Römischen Krieg
212 Seiten, Pappband (80557), Gulliver-Taschenbuch (78041)

Alle Romane mit einem Nachwort des Autors

Beltz & Gelberg
Beltz Verlag, Postfach 100154, 6940 Weinheim